U0032888

陳志恆——著

脫癮而出不迷網

寫給網路原生世代父母的教養書

目錄

Lesson 2

數位教養最常遇到的十三個問題

Lesson 3 正向聚焦因應網路成癮的教養策略

Lesson 4 常見的網路使用問題

推薦序

脫癮而出，安心浮現

王意中

曾經在一場演講中，有一位媽媽舉手問：「如果我先生也網路成癮，是否有救？」當時，我問她一件事：「妳要不要救？如果妳不救，那麼妳先生可能眞的就沒得救。」這話，聽起來是殘酷了些。

但我會這麼說，主要在於網路成癮這件事，對當事人來說往往沒有病識感。縱使使用３Ｃ網路這件事，已經造成當事人在態度、情緒、作息、學業、對周遭事物的關注，以及視力和身體姿勢等產生了明顯的負面影響。雖沉迷其中，卻依然不覺得有什麼大不了，遑論主動尋求協助或求救。身爲大人都如此了，更何況是發展中的兒童、青少年，在陷入網路成癮的情況下，實在難以想像將對孩子造成何等的破壞性，與不可逆的成長代價。

３Ｃ網路本身充滿了迷人的魅力，無論是大人或孩子都愛不釋手。雖是中性的媒介，對使用者來說，卻極需要高度的自制力。當孩子面對眼前的手機、平板、電腦、電視，以及網路的使用，是否具備收放自如、乾淨俐落，如開關般的自律切換模式，將決定孩子與３Ｃ網路間能否保持安全且正向的距離。

然而，父母在生活與工作上無時無刻不與３Ｃ網路充滿接觸與連結，同時，３Ｃ網路的未來趨勢，持續往右上角揚長而去的狀態下，如何讓孩子使用３Ｃ網路，盡是讓父母充滿了矛盾與困惑。在給與不給的拿捏上，往往過猶不及，時而放任，時而掌控，不時陷入二元對立的角力，進而容易與孩子產生激烈衝突，或陷入不知該如何是好的教養困境。

眼看著孩子逐漸成長，卻在３Ｃ網路的居中介入下，彼此越來越陌生。心中的焦躁，無助與無力，可想而知。

面對網路成癮，我一直深信這絕不單純僅歸咎於孩子的問題，這關係到父母、孩子以及３Ｃ網路之間，錯綜複雜的三角關係，盤根錯節的交互影響。當中，再再反映了長期以來的親子關係已經出現很大的裂痕，這一點，爲人父母不得不坦然面對與接受。

當孩子使用了3C網路，如失速列車般，煞車系統崩壞，無法順利地停止下來。父母的指令與要求，長期以來鈍化而產生不了任何作用。這時，使用3C網路的惡性循環，一而再，再而三，像迴圈般不時的環繞啊環繞，最後墜入無盡的深淵，難以自拔。

3C網路時代變化的速度非常快，內容令人目不暇給。當孩子身處在這個時代的浪頭上，往往令父母感到心慌、措手不及。面對數位時代成長的孩子，父母的心有如被蜘蛛網般困住了。

令人感到欣喜的是，志恆心理師《脫癮而出不迷網》這本書的出現，瞬時提供了茫然無助的父母在面對孩子使用3C網路上，有詳實又明確的遵循方向，讓教養上有了譜，也讓心安頓了；讓孩子在使用3C網路上，學習如何保護自己、自我覺察網路行爲、建立網路禮儀，以及在法律的界限內自我規範。

這本書中的每一段字句都値得父母仔細咀嚼，好好停下來思索與自我覺察，面對3C網路的想法與心態、過往與孩子關於3C網路的交手與過招，重新檢視自己的教養模式，加以修正與微調，好陪伴孩子的成長，讓親子關係更加和諧與親密。

（本文作者爲王意中心理治療所所長、臨床心理師）

推薦序

成癮著實令人頭痛，但危機就是轉機

胡展誥

「那一天半夜醒來，看見身旁有一張泛著藍光的臉，我差點嚇到窒息！」有家長提到半夜看到孩子偷偷起床玩手機的畫面，既是驚嚇，又是生氣。「我明明有嚴格控制使用手機，為什麼孩子還是成癮了？」「孩子一旦網路成癮，真的很難改掉啊！」多數大人總是如此擔心。

但是，我要告訴你一個令人不寒而慄的事實：這些成天擔心孩子網路成癮的大人們，手機的癮頭往往一個比一個還要大。

你以為我說的是那些走在路上、在餐廳用餐時低頭滑手機，卻忽略身旁孩子的大人嗎？錯了！

我是長年在學校演講與提供輔導知能訓練的諮商心理師，那些坐在臺下的父母或老師，就連該是專心聽演講的時候，卻也停不下在手機螢幕上滑動，不時還會傳來新訊息的叮咚聲，甚至連我走到身旁，都還沉浸在精采的影音中而渾然未覺。（好吧，我也要承認曾經有幾次，我在火車上因爲滑手機而錯過該下車的車站。）

親愛的大人，醒醒吧！手機成癮再也不是兒童或青少年的專屬標籤了。

更令人無力的是，孩子成癮了，還會有大人來罵他們；但是大人成癮了，卻沒有人撼動得了。所以，身爲大人的我們如果沒有辦法正視自己的手機癮，覺察手機爲我們帶來哪些樂趣，又爲我們擋下哪些不愉快（這點非常重要，書裡有一個章節特地說明手機在某種程度上，也解救了許多在成長過程中遇到困難的孩子），我們就難以與孩子的手機癮好好對話。

正因爲手機成癮已經是全人類都牽涉其中的嚴重問題，所以我們更該好好地理解這個議題，而不只是當成「孩子不聽話」「不用功的孩子」之類的粗糙解釋。

我很喜歡志恆的文字（也很喜歡他的演講），志恆的風格從來都不是「教」家長如何成爲家長，而是貼近地「陪伴」。讀他的書，你不會覺得有一個專家雙手叉腰、高高在上地對你談道理，而是感覺到他陪在你身邊，像是一個老朋友那樣，先同理你在教養上面臨的辛苦與挫折，然後娓娓地分享他豐富的實戰經驗。

這本書提了好幾個家長們最關切的議題（也是我被家長問過無數次的問題），好比說：

一，何時可以給孩子專屬自己的手機？

二，如何讓孩子以正向的方式適當地使用手機（而不是被手機控制）？

三，給孩子手機之前，要遵守哪些原則？

四，當親子之間因爲手機而衝突時，父母該謹守哪些界線？

五，當孩子使出「我再玩一下就好」的戰術時，父母可以如何有效破解？

六，電腦與手機，到底哪一個比較適合先讓孩子接觸？

七，不小心看到孩子手機隱私的內容時，該攤開來談？還是假裝沒看見？

八，當孩子說手機是用來查資料、寫作業，家長又該怎麼辦？

九，孩子在哪些情況下容易成癮？

十，想要「脫癮而出」，能夠用來取代手機癮的因素又是什麼？

關於這些在許多家庭中防不勝防的議題到底該如何處理，志恆在這本書當中全都告訴你了。你在裡頭讀到的內容不是讓人「知道，卻難以做到」的理論，而是已經在無數親子關係中見證過有效且具體的策略。

我常常覺得「危機就是轉機」。

成癮著實令人頭痛，但是當我們能夠把成癮看成是孩子在成長過程中面臨的挑戰與困境，而不是孩子變壞、變爛的象徵，或許會讓你更願意停下腳步、放下一些手邊的工作，並且給予孩子更多的陪伴，用不同於以往的方式來與孩子互動。

與其說這是一本討論孩子手機成癮的書，我更覺得這是一本深入理解孩子內在需求、提升親子關係品質的重要著作。

面對「手機成癮」這個已經存在多年的議題，志恆心理師的這本書來得有些慢了，但卻一點也不晚。因爲直到今天，這個問題依舊是許多親子衝突的導火線，甚至連大人都深陷其中。

我相信，這本書將會成爲解決手機成癮、改善親子關係的重要參考手冊！

（本文作者爲諮商心理師）

推薦序

網路世代，你最該知道的事情都在這

陳品皓

在長年和青少年互動的觀察中，網路沉迷或是因爲使用網路而引發的相關議題等等，在這幾年成爲許多親子之間衝突的主要原因。很多爸爸媽媽常常很糾結，一邊是因爲孩子上網不知節制而大發雷霆，一邊是不給手機又因此而衝突的爲難，明明我們都知道網路不可避免，但對於如何面對孩子使用網路又感到憂心忡忡，最終在該不該給、怎麼拿回手機的掙扎中衝突不斷，兩敗俱傷。

在會談室看多了親子之間因爲手機或網路的衝突後，我開始慢慢體悟到了一個事實；手機和網路一直都是個幌子，這個問題眞正本質的核心關鍵並不完全在手機上，而是回到一個人爲什麼會成癮的探究中。

關於孩子爲什麼網路成癮的問題，是個大哉問，但我們往往都只聚焦在孩子使用手機的表象上。「見樹不見林」，導致了親子衝突不斷的結果，然而關於整個世代網路沉迷的現象，其中有非常隱微細膩之處，是我們身爲家長必須重新理解的，在這些理解的基礎上，才能重新跳脫我們先前以爲的框架，找到和孩子共同面對的方法。否則當我們不斷把焦點放在「孩子使用網路」這個行爲本身，我們終究會失去對問題本質的理解。這些關於網路你所該知道的事實，在志恆心理師的大作中全部都包辦了。

從網路「成癮」的核心概念、科學實證的教養風格對孩子在網路使用的影響、親子之間在網路使用常常遇到的各式各樣議題、家長介入時的基本原則與態度，進而在溝通中的迷思與方式等等。並且在其中提點我們許多重要但總是被忽略的事實，我分享自己在閱讀本書時的幾個筆記重點：

「網路是媒介，內容是關鍵。」

這往往也是許多親子之間在網路上衝突的主因與誤區，但我們很容易執著在孩子使用「網路的時間」上，而忽略了對網路內容的理解，然而孩子透過網路接觸的內容與意義，往往是許多現實問題的延伸與象徵。

「沒有他律，沒有自律。」

部分家長認爲提供孩子手機，讓他規畫使用時間可以從小就訓練自我規範的能力。這在我的認知中，是相當違反人性的一件事，尤其在自制力還沒發展成熟的中小學生階段，沒有經由環境的他律，期待孩子自律，往往都是緣木求魚。

除了許多觀念的闡述與釐清以外，志恆心理師把許多我們現實生活中都曾遇到的情景，直接拉回到書中，細心又具體地帶著我們一步一步理解、分析、實作。

在這個過程中，不禁增加我們對孩子的理解面向，也讓我們在理解中找到能夠眞正執行的方法，更令人敬佩的是，當你看完這本書之後，你會發現我們從網路沉迷這個主題出發，不知不覺在過程中，逐步鬆脫了各式各樣原本框住我們的觀點，最終回歸到網路沉迷這個問題更核心的本質：身爲一個人的價值。

對於這個本質的思索、沉澱以及回應，將會對你與親子關係帶來更富裕的收穫。

整理至此，我更加誠心的想要向你推薦本書，所有關於網路世代中種種議題，你不僅會在這裡找到屬於你的答案，也在咀嚼反思與嘗試的過程中，重新回歸親子關係的本質。好書，值得細讀。

（本文作者爲米露谷心理治療所執行長）

推薦序

「關係緊密」與「了解孩子」是面對3C成癮的基石

魏瑋志（澤爸）

我在演講時，家長所提出的問題裡，「3C議題」絕對可以排在前幾名，年紀越大的孩子越是嚴峻。

「讓孩子玩一下平板，又有什麼關係？」「如果孩子沒有手機，他就會沒有朋友。」「我在忙，先不要來吵我，自己去看影片啦！」

我曾在一場講座中，有位媽媽來詢問我，他的兒子沉迷於電動世界裡，每天一打就好幾個小時，甚至一整天，完全不離開房間，親子之間的相處也越來越少，不知道該怎麼辦。我問：「請問孩子幾歲呢？」這位媽媽說：「二十三歲了。」高中或大學的孩子呈現3C成癮現象的比例，可能遠比我們所認知的多上很多。

只是，已經是這麼大的人了，可以管教的難度也隨著他的年齡而不斷提高。許多爸媽在想要教養時，最焦慮的是孩子的情緒，只要講兩句就不耐煩；想要嚴格管教，立刻脾氣大爆炸；直接斷電斷網，可能會家無寧日啊！

父母實在難爲，但是我們必須要知道的是，孩子會走上3C成癮的道路，肯定不是一天或短時間所造成的，相反的，因爲爸媽對孩子從小的3C管教的不在意、只要孩子一抱怨或要求就給予滿足，或是讓3C成爲孩子的保母等行爲一點一滴地慢慢累積，才導致今日的狀況。

3C成癮是「果」，不是「因」

很多爸媽看到青春期孩子的3C成癮跡象慢慢浮現，便會開始緊張與煩惱，接著強力地制止。但是如果只有禁止，往往適得其反，因爲，放不下手機只是冰山表面凸出來被看到的一塊，水平面下的冰山才是重點。

除了從小就要藉由控管來培養孩子的自我控制能力之外，更要從孩子的內在來觀察起，看看他是否在躲避什麼？迎合什麼？像是在學業上的低成就感、同儕之間除了電動話題之外就無法融入了等因素。

唯有帶著孩子面對這些「因」，並且一同找到了方法，3C成癮的「果」自然會慢慢消退。

然而，要能夠從孩子的行爲中，抽絲剝繭地找到原因，靠的絕對是「關係」與「了解」兩大基石。

我們夠了解孩子，才能夠從他的行爲中看出一些端倪。親子的關係夠緊密，才能夠從對話之中發掘孩子內心所缺乏的那一塊是什麼。要能辦到「關係緊密」與「了解孩子」，必須要依賴我們對孩子從小到大的實質互動與陪伴。

陳志恆老師的這本書《脫癮而出不迷網》，就帶給我們許多的方法。趁孩子還年幼時，只要運用得宜、用對方法，3C對於孩子才會是助力，而不會是阻力。

帶領孩子共同來學習使用3C

在《脫癮而出不迷網》中，志恆老師不斷強調的三大重點：

一，3C網路是工具，而不是玩具。

二，網路使用的自我控制能力需從小培養起。

三，有品質的陪伴是最終解方。

這三點的確完全打中了3C議題的核心。

孩子從出生開始，都是以自我爲中心去思考所有事情，只會想到自己，不會顧慮後果。當孩子長大了，他必須要透過他人教導的「他律」，才能夠逐漸轉爲能夠同理他人、思考後果的「自律」。而這段過程，可能需要到十八到二十五歲才能夠成熟與穩定。

所以，孩子越年幼，越需要我們的引導跟教導。教導孩子如何正確使用3C，透過適度的管教，培養孩子的自律能力，再以良好的人際互動來引導孩子，進而探索自我。當他藉由這些培養，他的自律度會越來越高，相信他會成癮的機會也會小很多。

眞正「滑時代」的孩子，不是多會打電動與拍照，而是能夠懂得如何把3C成爲能適應這個社會的工具。

當然，爸媽使用３Ｃ的以身作則，也是很重要的條件喔！

（本文作者爲親職教育講師）

前言

迎接數位時代的教養挑戰

我女兒今年三歲，她出生在數位時代，是典型的數位原住民。

除了電視以外，我們平時很少讓她接觸到手機或3C用品。然而，孩子對這個世界好奇探索著，特別是大人手上的東西，他們很想像大人一樣滑手機。爲了避免女兒來搶我們手上「貴鬆鬆」的電子產品，於是，我們給了她一支手機模型，外觀看起來像智慧型手機，但實際上沒有具備任何功能。

她拿著模型玩具，用小小的手指頭在根本不會動的螢幕上滑呀滑，姿勢幾乎和大人一樣，架式十足。過幾天，我帶她到附近的公園玩耍，經過公園旁的停車場，入口有個大型的顯示螢幕，上頭輪播著一些廣告或宣導事項。女兒走過那兒，被大型螢幕給深深吸引而靠了過去，目不轉睛。接著，只見她竟踮起腳尖，用手掌在螢幕前揮舞著。

她在做什麼？忽然，我意識到——她正試圖滑動螢幕畫面！她把這個大型顯示器當作可以互動的觸控式螢幕了。

我很訝異，因爲我和太太從來沒有教過她這些，但是，她就是這麼做了。顯然，在她的世界裡，會閃會動的玻璃表面，大概就可以滑動；動動手掌，就可改變螢幕畫面。

這個世代有很多的父母都像我一樣，對於孩子使用數位產品的能力，感到無比驚訝。但是**對孩子而言，他們生來就處在數位時代，世界本就該長得如此**。

在我還沒有孩子前，就從事多年的青少年輔導工作了。服務的對象中，許多有嚴重網路沉迷的問題，此外，也有在網路中遇到困擾的，像是被同儕攻擊、孤立、排擠，或者深陷網路詐騙中。當時我就意識到，數位科技爲人們帶來無限便利的同時，也是一個大毒窟，讓許多人無法自拔地沉淪其中。

看過這麼多活生生、血淋淋的案例，遇到了好多失魂落魄的孩子，以及焦慮無助的家長，我開始明白，這個世代的父母有個重要的任務，就是**引導孩子從小與3C網**

路建立健康的互動關係。同時，我們也得有心理準備，**親子之間爲了使用３Ｃ網路而發生衝突，大概是避免不了的**。

與其遇到問題時才抱著頭燒，不如提前思索、超前部署。

大概很少父母知道，我國法律爲保護兒童及少年身心發展，在《兒童及少年福利與權益保障法》中明訂，兒少的父母、監護人或照顧者，不得讓孩子使用電子產品超過合理時間。就算知道這一則法條也沒用，你仍不懂得如何使力，更不清楚什麼叫做「合理時間」。

所以，我決定著手撰寫這本書，想讓更多家長知道，不當使用網路行爲背後的眞相是什麼、什麼才是最需要關注的焦點，以及如何從小引導孩子接觸與使用數位工具，培養「上得去也下得來」的自我控制能力。

你會發現，這本書的內容，始終圍繞著三個核心觀點，也是我認爲在數位教養議題上的三個最高指導原則：

（一）３Ｃ**網路是工具，而不是玩具：**

判斷孩子使用網路與數位產品的行爲是否適切的依據之一，就是孩子把３Ｃ網路當作工具，還是玩具？

如果孩子善用網路於獲得新知、累積成果、發展嗜好或解決問題，以及促進眞實生活的人際連結，那麼，孩子把網路做爲工具，當然值得鼓勵。若孩子花過多心力在網路中找樂子，打發時間、排遣無聊，3C網路便成了玩具，應該予以限制（請注意，不是完全禁絕）。

（二）使用網路的自我控制能力需從小培養起：

使用3C網路或任何數位工具，本身沒有錯，問題是，孩子在大腦發展尚未成熟，自我控制能力還不足的情況下，常常上得去卻下不來。當花費過多時間與精力在3C網路上時，便出現了「排擠效應」。也就是，因爲大量上網而耽誤了生活中更重要的任務，如課業學習或人際關係。

一味禁絕肯定不是上策，從小培養「上得去也下得來」的自我控制能力，才是根本之道。同時，在你考慮要開放孩子每天使用手機網路的時間時，請務必將孩子的自我控制能力列入考量。

（三）有品質的陪伴是最終解方：

如果你擔心孩子中了「數位海洛因」的毒，請務必積極與孩子建立良善與信任的互動關係；如果你的孩子中毒已深，將他帶離網癮的最終解方，仍然是高品質的親子關係。

若一個孩子在現實生活中，能感受到被接納、被欣賞、被重視與被喜愛時，就算網路過度使用，也不至於陷入無法自拔的境地。把握這個原則，真的不需要過度擔憂孩子網路成癮的問題。

你會翻閱這本書，肯定也重視3C網路教養議題；或者，你正爲孩子過度使用網路而苦惱不已。通常，我會建議你從頭開始閱讀起，循序漸進地理解這些內容。當然，你也可以視需要，直接閱讀某一篇章。

第一章側重於數位時代教養觀念的建立，我會引導你去思考3C網路的教養課題，告訴你該如何看待與因應這波不可逆的數位浪潮。

第二章談到網路使用規範，我羅列出家長在數位教養上，最感頭痛的十三個問題，讓你知道如何與孩子建立3C網路的使用規範，並且有計畫地逐步培養孩子在網路使用上的自我控制能力。

第三章則是深入探討網路成癮議題，除了帶你認識網路成癮的拉力與推力，理解一個孩子是如何一步一步陷入向網癮泥淖中，難以脫身之外；更提供你具體的教養策略，透過正向聚焦的回應方式，引導孩子逐步脫「癮」而出。當然，這一切都急不得，你得做好「長期抗戰、重啟連結」的心理準備。

第四章會討論到一些常見的網路使用問題，包括網路霸凌、網路誘騙、網路性剝削等，你可以提前防範，並時刻留意孩子在網路上的安全。同時也會討論到，當孩子對網紅或電競選手等新興職涯心生嚮往時，該如何與孩子討論並適切引導。

既然我一再強調「高品質的陪伴才是最終解方」，我在書寫本書時，特別側重如何在網路使用議題上，建立暢通與良性的親子互動。因此，你會在本書讀到很多親子溝通的對話實例。也許不一定適用所有情境，但試著依樣畫葫蘆，可以免去一些大動肝火的時刻，弄得親子關係緊張對立。

書中出現的案例，有些是虛構的，但大多是眞實事件並經過充分改編，以保護當事人的隱私。如果，剛好你或你的孩子，正在經歷這些困境，那麼，**我要告訴你：「你並不孤單！」有類似經驗者大有人在。**

當你翻開這本書時，你不再是孤軍奮戰，也不會手無寸鐵、孤立無援，相反地，你將擁有更多辦法，迎接數位時代無可避免的教養挑戰。

Lesson 1

數位教養觀念的建立

1. 3C育兒圖個方便，不行嗎？

女兒剛出生時，我和太太為了幫女兒找個保母，加入了臉書上的保母媒合社團。裡頭有新手爸媽要徵保母，也有保母要徵需要托育的幼兒。

我仔細看了在社團中，對理想保母羅列的條件或要求，除了有愛心、溫暖、細心、家中人口單純、無不良嗜好外，往往還加了一點：「禁止數位育兒」。換句話說，請保母多與孩子直接互動，別用3C產品安撫或陪伴孩子。

在這個世代，越來越多家長意識到數位裝置對孩子的成長可能造成的風險，因而開始認同避免3C育兒的觀念，例如，大人盡量不要為了圖個清閒，或者避免被打擾，而給孩子看手機影片或者玩手遊。

這本是立意良好，問題是，真能完全做到嗎？

還有，3C育兒，真的一點都不行嗎？

數位時代的父母，如何一邊手持數位產品，一邊陪伴孩子？

難就難在這個世代的父母，雖然不是數位原住民，但比起上一個世代，是更爲嫻熟數位產品的。甚至，在工作中就需要大量使用３Ｃ科技，而回到家，也常需要繼續連著網路，機不離身。

就算有意識地不把孩子託管給螢幕，但你也很難在陪伴孩子的時光中，完全不使用任何數位裝置。對許多人而言，比起出外上班工作，在家陪伴或照顧孩子，是相形枯燥乏味的。

而現在的家庭型態又是以小家庭爲主，孩子的主要照顧者，通常又以母親居多。家裡沒有其他人，媽媽一天到晚被孩子給綁著，眼中只有這個孩子，缺乏與其他成人溝通互動的機會，更無法隨心所欲支配自己的時間，做點取悅自己的事情，每分每秒都是煎熬呀！

至少對我而言是如此。

那麼，有個手機在身，可能會讓你好過一點。在孩子專注地玩自己的遊戲時，趁機滑開手機，瀏覽一下臉書、IG，逛一下購物網站或追個劇，哪怕只是幾分鐘也好，都是彌足珍貴的呀！

在天氣晴朗的假日，我喜歡帶著女兒到家附近的公園玩耍。理由很簡單，設法消耗她的精力，晚上會睡得好一點。而當孩子在公園裡跑來跑去、盡情探索世界時，也就不會纏著我，讓我得以喘口氣，然後，我終於有機會拿起手機，慰勞一下自己——這是隱藏版的理由。於是，當我把女兒放上她最近最喜歡玩的鞦韆時，我邊推著鞦韆，邊滑著手機，站在她身後假裝很投入。事實上，我正在享受小小螢幕裡的精采體驗。這往往讓我感到自己還活得踏實，沒有與這世界脫節，也暫時隱藏了育兒的辛苦與乏味。

問題是，隨之而來的是罪惡感：每多滑一分鐘手機，罪惡感便多增加一分。你邊滑手機，心裡邊感到不安。你覺得自己沒有專注地陪伴孩子，對孩子不夠全心投入，他們可能因此感受不到足夠的愛與關注；你擔心與孩子的直接互動不夠，可能會影響他們的心智發展。就算你是爲了工作聯繫的目的而使用手機，仍然會有罪惡感。

如果，你的孩子曾經搖搖晃晃地走近你，伸出小手把手機給撥開，端起你的臉龐時，你的感受會更深。

你與3C的關係連結，正影響著孩子如何與3C互動

當孩子大一點時，你開始思考是否可以透過數位工具來教育孩子。就像過去的父母，會讓孩子觀賞優質的兒童節目，而現在，你會透過手機、平板或電腦，連上網路，訂閱適合孩子觀賞，又具有教育意義的影片，或者下載互動式的教育類型APP。

現代這類媒體相當多，對孩子也有著強大的影響力。學齡前的孩子，最重要的任務是建立生活常規，學習一般的生活技能，如自己吃飯、刷牙、清潔、玩具歸位等，一直以來，兒童節目在這方面可說是功不可沒。如果你家有訂閱《巧連智》的話，你會感嘆：「爸媽說一百遍，比不上巧虎說一遍。」

當你受惠於數位產品爲育兒帶來的效益時，內心的擔憂仍然不減。

「我會不會只是圖個方便，事實上沒有盡到父母的責任？」

「孩子整天吵著要看巧虎，以後會不會出現成癮的問題呢？」

你的心頭浮現許多想法，糾結不已。

如果你曾思考過這些問題，那麼，我相信你絕不會放任孩子無止境地盯著螢幕，而會爲孩子設限，同時，你也會慎選兒童節目或ＡＰＰ，並陪著孩子一起觀賞與使用，而非丟著孩子不管。光是這麼做，孩子未來受到網路或數位裝置毒害的風險，就會大幅降低。

所以，**重點不是網路或數位媒體對孩子好不好，而是，你如何善用數位科技，幫助孩子成長與發展，同時也能幫助孩子建立３Ｃ使用的規範**。

一般而言，**父母如何看待手機網路，會大大影響孩子成爲一個什麼樣的數位科技使用者**。當你視網路或手機爲毒蛇猛獸、萬惡深淵時，你會竭盡所能地禁止孩子接觸到這類產品，或者過度監管孩子使用３Ｃ產品，這往往是親子關係爆發衝突的導火線。

而孩子長大後，不敢在父母面前光明正大地使用網路，卻仍有能力在其他地方取得網路，瞞著父母瘋狂使用，因而衍生出更多難解問題。

這偷偷摸摸的舉動，就好像你也得背著孩子使用手機網路，否則會感到心虛與罪

惡，因爲擔心孩子會模仿你的不良行爲。

另一方面，你若對３Ｃ網路抱持著完全開放與過度樂觀的態度，放任孩子長時間盯在螢幕前，毫不設限，也不與孩子一同參與或共享螢幕時光，因爲自己也埋首虛擬世界中。那麼，孩子長大後被網癮糾纏的風險，便可能大幅提高。

大人怎麼做，孩子就怎麼學。或許，**我們需要先檢視自己對於３Ｃ網路的態度是什麼、想法是什麼？而這份態度或想法，又會如何透過我們的教養策略，影響到孩子的３Ｃ使用行爲。**

當我們能光明磊落地在孩子面前使用數位產品時，孩子也不會認爲上網是一件需要偷偷摸摸的事；當我們能夠有限度地使用網路，而不偏廢其他生活任務時，孩子也正在學習如何自我控制，上得去也下得來；當我們視數位科技爲幫助學習或生產的工具，而不只是打發時間的娛樂玩具時，孩子也會透過網路積極拓展對世界的認識，爲自己的人生創造更多的可能性；當我們視手機或網路爲維繫親友情感的媒介，而不是填補空虛的取暖角落時，孩子也能學會善用科技與他人建立起深度的人際連結。

夠好的父母，需要時時刻刻回應孩子的需求嗎？

前面提到數位時代父母共享的罪惡感：當一邊從事育兒工作，又一邊滑著手機時，似乎沒有盡到爲人父母的本分。

前一陣子有個中國網路節目在兒童節時，訪問了幾個在幼兒園階段的孩子，最希望父母爲他們做的事情是什麼？好幾個孩子的回答都是：「希望爸媽抬頭多看看我，而不是一直低頭看手機。」

多麼讓人心疼的回答呀！這對許多父母而言無疑是當頭棒喝，也道出了孩子們的心聲——渴望被看見、被重視、被有品質地陪伴。

主流的教養文化對一個盡責父母的期待，是能時時刻刻回應孩子的需求。當孩子餓了，能夠及時餵哺；孩子尿布濕了，能及時更換；孩子冷了，能趕緊幫孩子添加衣物。不只如此，還要順應孩子發展上的內在需求，陪著他探索環境，回應他的情緒感受，甚至爲了促進孩子的語言、智力與社會發展，更要常和孩子進行有來有往「乒乓球式」的對話。

換句話說，父母的職責不只是讓孩子能夠吃飽、穿暖、活下來，還得幫助孩子建立內在安全感，準備好探索環境，更肩負著刺激孩子心智發展的重責大任。而每一個與孩子相處的時刻，都可能影響他往後的人生。

忽略，常常是教養中的大忌。當孩子希望你在身旁時，你不在；當孩子渴望得到肯定時，你沒看見；當孩子需要安慰時，你冷漠以對。一個孩子在成長過程中，不斷經歷這種冰冷的對待，自然感到愛的匱乏，無法自我肯定，認爲自己不是個重要的人，缺乏內在價值。換句話說，可以的話，父母盡可能時時刻刻地關注孩子、給予回應，不論是生理上或心理上的。問題是，若要做到百分之百地及時回應，那麼，父母就等於得把自己的需求完全丟掉才行——這樣的教養品質肯定不佳。

而事實上，父母要工作、要休息，會累，也有自己的需求，不可能毫不保留地把心神全放在孩子身上。特別是，**當孩子越來越大時，可以不必事事都以孩子爲中心，甚至有時候需要讓孩子去面對來自父母無法及時回應的失望或挫敗**。所以，如果基於一個自己可以接受的理由，且確保孩子安全無虞的前提下，在陪伴孩子時，偶爾滑個手機，分心盯著螢幕，倒是無傷大雅。**孩子不會因爲這三、五分鐘沒被重視，就產生**

心理創傷。而你知道大多時候，你是專注地陪伴與回應孩子，只是需要稍微喘口氣。當個夠好的父母就好，而不是完美的父母。

更何況，當你埋首那小框框而暫時忽略孩子時，孩子若有需要，自然會用各種方式提醒你，也許是哭泣、吶喊或搞破壞。你若能接收到訊息，趕緊放下手機，給予孩子適切的回應，孩子仍然能夠得到你的關注；但若孩子已用盡各種方式提醒你，你仍是充耳不聞、視而不見，繼續悠遊在網路世界中，長久下來，肯定對孩子是種傷害。孩子更大一點，還會發展出種種問題行爲，要你不得不關注。

而其中一個，很可能就是網路成癮。

民主威信型的教養風格

如何引導孩子健康上網，父母本身對於數位科技的態度與觀點很重要。**你怎麼看待數位科技，常決定你會如何規範、管理或引導孩子使用數位產品。**但終究，既然是教養上的問題，還是得回到教養的理論上來談。

早在一九六〇年代，柏克萊大學的心理學家布隆姆就依據父母對孩子的控制和關愛程度，分成四個類型的教養風格。包括了高控制與高關愛的民主威信型、高控制與低關懷的專制權威型、低控制與高關愛的寬容放任型，以及低控制與低關愛的忽視冷漠型。

經過後來的學者不斷驗證，**兼具高控制與高關愛的民主威信型教養方式，最能教出有成就的孩子。而在網路及3C教養這個議題上，民主威信型也會是最好的教養態度**。爲什麼呢？

控制指的是爲孩子建立規範，並要求確實執行。規範一方面意味著約束人的行爲，也就是任何行爲都必須有所限制、適可而止；另一方面，**明確的規範也讓孩子能有所依循，是安全感的來源**；這對孩子年幼時，各種生活習慣的建立與養成時期，格外重要。

在網路使用上，明確地規定孩子使用網路的時間長短、時段、頻率、地點以及使用方式，並要求孩子照著做，其實正在幫助孩子建立自我控制的能力，訓練孩子在網路世界中，能上得去也能下得來。**但在嚴格控管的同時，也需要給予溫暖關懷**。包括尊重孩子的意見與感受，一同討論或訂定網路使用規範，參與孩子的網路活動，並適時給予引導，鼓勵孩子在網路上的正向行爲，支持孩子透過網路自我成長與自我實現。數位科技是把雙面刃，讓人們的生活更便利，但同時也帶來了許多過去未見過的問題。面對手機及網路，我們不需要把它當成洪水猛獸，唯恐避之不及，當然也不能過分樂觀地認爲，孩子在裡頭完全不會受到任何傷害。

每當你在３Ｃ教養議題上難以拿捏分寸時，**我請你想起「民主威信型」的教養風格，既有明確的規範和要求，也給予孩子溫暖關懷，重視他們的感受。**請用這樣的方式思考對孩子的３Ｃ教養策略，通常能得到最好的結果。

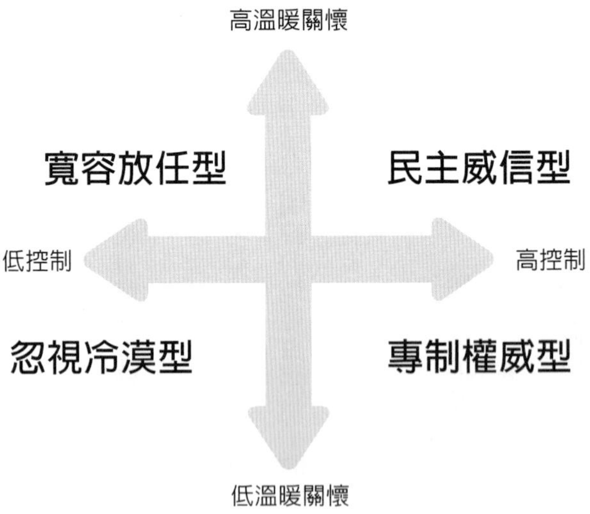

2. 成也網路、敗也網路：是福還是毒？

身處數位時代的父母，談起網路與教養的問題，就會湧現一股焦慮感；當行動上網是如此便利，究竟該如何引導孩子面對數位浪潮的衝擊？

我通常會遇到兩派父母的極端做法，一種是盡可能地設限，從小避免孩子接觸任何數位產品或媒體，能撐多久就撐多久。這背後假設了３Ｃ產品或網路是罪惡的淵藪，是殘害孩童心智的兇手。

另一種則是開放孩子從小使用網路或數位產品，完全不做任何規範或監管，愛怎麼用就怎麼用，顯然不認爲網路或３Ｃ產品對孩子有何危害，說不定還認爲這能啟迪心智。

過與不及，當然都不好。所以包括我在內的大多數父母，是在這兩個極端間擺盪：「要開放多一點，還是要管制多一點？」**我們希望能極大化數位科技的益處，同**

時，盡可能地排除一切副作用。

網路與3C是萬惡淵藪嗎？

談起數位媒體的恐怖，許多師長都會深表認同，因爲他們的孩子正慘遭毒害中。來找我討論網路問題的家長或老師，常把孩子種種問題的矛頭指向萬惡的網路，不管是電玩遊戲、社群媒體，還是在線上觀看影片或相關的流行文化。

「就是因爲開始玩英雄聯盟後，就從此不讀書了！」

「孩子徹夜看 YouTube 影片，白天精神不濟，怎麼念書？」

「我要求他把手機放下，他便面露凶光，那種眼神，令我害怕！」

確實有不少研究指出，使用3C產品可能會直接或間接地傷害孩童的身心健康，包括睡眠、情緒、專注、衝動控制、人際關係、肥胖。甚至也有學者警告，數位產品或媒體，可能導致注意力缺陷過動症、自閉症等心智障礙，也會提高暴力攻擊行爲出現的可能性。

我得說到目前爲止，這類研究證據仍屬薄弱；**到底網路或數位產品的危害如何，**

還存在許多爭議。而駁斥這類說法的專家學者，也大有人在。也就是，到底網路與3C產品對一個人，特別是孩童，是否有直接的傷害，至今還衆說紛紜。目前比較可信的一項研究結論，應該是手機、平板等數位裝置的螢幕藍光，會抑制大腦中褪黑激素的分泌，進而影響睡眠。而線上遊戲或媒體的高度感官刺激，也會讓人的神經系統一直處在過度亢奮的狀態，就算關閉螢幕，也要好一陣子才能平復。

而關於兒童或青少年的生長與發育，睡眠尤其重要。當睡眠不足時，肯定會造成白天的專注力下降，容易心情不佳，進而影響學習或人際關係。所以，**避免讓孩子在睡前一小時接觸任何還在運作中的螢幕，是每個家長都需要遵守的鐵律**。除此之外，3C或網路眞的是萬惡淵藪嗎？目前我們知道的還太少。

真正的問題在排擠效應

我認爲，兒童或青少年3C網路使用的最大問題，應該來自於排擠效應，這也是大部分父母所擔心的。也就是，當一個孩子花過多的時間在線上遊戲或網路世界時，便相對排擠了其他生活中的重要任務，例如寫作業、溫習功課、運動、協助家務、戶外休閒、健康飲食、規律睡眠、人際互動……

每個人應該都有這樣的經驗，當你打開智慧型手機，檢視裡頭有哪些訊息，你本來只是想看一眼，隨手回覆一下訊息而已，沒想到滑著滑著，就過了一、兩個小時，此時你才想起手邊還有許多工作沒做，匆忙地放下手機。

因爲你是成人，自我控制能力較佳，所以放得下手機。然而，當大人都是如此，遑論兒童或青少年，更是無法抵擋網路媒體的吸引力，一低頭就沒完沒了，甚至父母在一旁高聲呼喊，也是有聽沒有到。**當我們把心思全放在某個焦點上時，便無暇顧及其他事物**。在這個注意力缺稀的時代，生活周遭的一切都爭搶著你的注意力，向你高喊著「選我！選我！」自然產生排擠效應。

3C產品的設計，就是要你愛不釋手

我曾在網路上看到一個人提問：「爲什麼現在電視上的廣告都是賣藥的居多，而且播出時間還很長？」有人留言回覆：「因爲只有老人才看電視。」

在某種程度上說中了現況——**年輕人愛用數位媒體，勝過於看電視**。同樣的內容，年輕人喜好用手機、平板等數位裝置觀賞，勝過於在電視前面轉著遙控器。**數位裝置爲什麼這麼吸引年輕人？原因很多，其中一個是便利性高。**

想一想，當所有日常活動都被放進一個手掌就能掌握的裝置中，除了傳統的接聽電話、收發簡訊等功能外，當連上網路後，可以進行各種傳輸、編輯、娛樂、管理以及社交活動，等於把生活的一切都裝進手機裡了。於是，人們可以一邊工作，一邊與人聊天，同時玩玩小遊戲調劑身心。而這時，你可能人正在高鐵上，還把握時間查一下到站後，有什麼美食可以吃；下了車，你順手用手機支付功能買了些名產。如此便捷又省時的設計，讓人誤以爲自己能在同一時間完成多項任務，一旦上手就愛不釋手。就這樣，你出門可以什麼都不帶，但不能沒有手機，因爲，你對它有深深的依賴。這就是智慧型手機的設計者，想方設法要你掉進的圈套。

數位科技當道，不可逆的趨勢

回頭檢視一下，一天之中，你花在上網或數位裝置上的時間有多長？再想一想，眞正用來做正事的時間，又有多少？

你很清楚，有很大一部分的時間，恐怕都沒有用來提高生產力，更多時候，你只是漫無目的地滑手機。所以，**手機的便利性，究竟是幫助我們節省時間，還是浪費更多時間？**這個問題見仁見智，但你很清楚地看見，排擠效應又在作祟了。於是，這成了你擔心孩子使用手機網路的原因之一。不過，回到剛剛的話題，**現在的年輕人，正因身處數位時代，所以必須仰賴數位科技才能競爭、存活**。

就拿我爲例，我不算是個很會使用數位工具的人，但我的工作有大半需要仰賴電腦與網路：每當我寫完一篇文章後，便會把它發布到個人網站上，再同步轉貼到臉書粉絲專頁，用專業內容吸引更多粉絲瀏覽與按讚。一方面獲得成就感，另一方面提升自己的網路聲量及知名度，並爲我帶來更多發展空間，於此同時，我需要透過上網大量瀏覽與閱讀相關資料，以激發出寫作靈感。在新冠病毒疫情緊繃期間，人們都避免出門。幸好有網路，我們可以透過視訊問候遠方的親友，可以在網路上追劇打發時間，可以透過電商平臺備齊生活用品，透過線上會議維持公司運轉，透過線上課程進行學習與提升自我能力。但如果你沒這方面的技能，在疫情拉警報的當下，只會既焦慮又無力。

是毒也是福，該開放還是不開放？

未來我們的子孫，還可能無時無刻不與AR或VR爲伍，甚至以這些數位裝置做爲生產工具。我想，這是不可逆的趨勢。因此，你不可能完全禁絕孩子使用3C網路；但排擠效應仍然存在，你也得關心孩子如何使用這些媒體，同時設下適當的規範。

所以是否讓孩子使用網路，從來不是一個二擇一的簡單問題，這涉及了孩子的年齡、自我控制能力、網路使用內容、家庭文化、親子關係等複雜因子。而**比起完全禁絕，我寧可在3C教養上抱持著較正向的觀點，既然這是不可逆的時代潮流，那就順著它走，但同時也設法因應排擠效應帶來的問題，將傷害降到最低。**

3. 網路世界中的孩子們：是促進連結，還是阻斷連結？

以前在學校擔任行政主管時，常常需要去各班巡堂。最常見到的就是學生上課時的百態，有的專注有神，有的無精打采；有的猛抄筆記，有的意興闌珊。當然，還有交頭接耳、傳紙條的。而當時，最常在教室後排看到學生在桌面下偷滑手機，自以爲神不知鬼不覺，盯著小螢幕笑，殊不知後面還有一雙銳利的眼睛緊盯著。

我常想，要是我是學生，又坐在教室後排，手機放在身上，眞的很難不分神去點個兩下。果然，大人也沒好到哪裡。我到各校的研習場合向老師分享時，上面講得口沫橫飛，下面有人也滑得不亦樂乎，比學生更加明目張膽。

教室裡的下課時光

但眞正令我憂心的，是孩子們的下課時光。

我時常在假日到各校帶領中學生的工作坊，一整天的課程，總有幾次下課休息時間。大約十年前，孩子們下課時，不是補眠休息，就是閱讀自己的書籍，更多的人是在打屁聊天。

而最近幾年，下課的光景不一樣了，總是一片靜默，因爲人人都在低頭滑手機，連我也不例外。只有在玩連線遊戲的孩子，才會偶而發出比較激動的聲音，不然，教室眞的很安靜。這一點也不像我記憶中的下課時光呀！

我向教育現場的老師們求證，他們也有同樣的觀察，爲此感到憂心忡忡。有位老師告訴我：「孩子們下課時只顧著滑手機，也不聊天，教室一片寧靜，根本不像下課。」這便是3C及網路盛行後，不知不覺帶來的問題——**排擠效應**。**當孩子將下課時間花在滑手機時，便排擠到與同學之間的正常社交互動**。然而，下課時間就該打打鬧鬧、閒聊胡扯呀！別小看這短短十分鐘，群體互動是學校學習中的重要環節，透過打鬧胡扯或有創意的遊戲，**培養孩子各種應對進退的人際互動技巧**。

小小螢幕讓邊緣的孩子更加邊緣

當小小螢幕阻隔了你我的真實接觸，下課時社交學習的附加價值便不復存在。這對大多數的孩子，也許影響有限，但對在班上本就格格不入的邊緣人，可能就會變得更加邊緣。試想，當我在班上的人緣不佳，我又不知道如何與同學打成一片時，下課這短短十分鐘，將會是我相當難熬的時刻，可能比上數學課還痛苦。而當一機在手，我如釋重負，可以不管外面發生什麼事，專心遨遊在網路世界中。

現代人化解社交尷尬的簡單方法，也是低頭滑手機。這幾乎在任何場合都會發生，大家都顯得很忙，也不用耗費心神想話題，手機的發明簡直神助攻。

「不過，現在不一樣了！」那位老師說。「自從，學校執行上學後手機統一保管的政策後，下課時間，又恢復吵吵鬧鬧的光景了。」她說，「這才像下課嘛！」

所以，某種程度，我贊成學校在上學時段統一保管孩子的手機，只有在需要用到手機的學習活動，或者需要與家人進行重要聯繫時，才能使用手機。

真正的朋友在哪裡？

曾經有兩個青少年孩子在晤談中告訴我，透過網路，他們找到「眞正的朋友」。這兩個孩子都就讀高中，一位過去功課很好，上高中之後，便一落千丈。老師和家長都觀察到，是玩了一款名爲「英雄聯盟」的網路遊戲所致。

「老師，你不懂英雄聯盟的好。我和隊友團隊合作，過關斬將，它讓我們充滿凝聚力。」我沒玩過，我確實不懂，我聽著他興奮地描述：「我們打算以後一起組隊參賽，要成爲眞正的電競選手。」**他告訴我，他的隊友，才是眞正在乎他的人。**

另一個孩子，剛上高中沒多久，就受到班上同學排擠。起因於他常會用各種方式騷擾同學，像是講不雅的笑話、惡作劇捉弄同學，或者打電話騷擾女同學。漸漸地，沒人要理他，也沒人想跟他分在同一個組別，他成了班上的邊緣人，後來，也不太想來上學，出席率相當不穩定。

「我才不在乎他們怎麼看我呢！」在一次談話中，他這麼告訴我。「老師，你知道嗎？我臉書上的網友有上千個，ＩＧ上追蹤我的人，我都數不清了，前幾天，我們還約出來網聚。」

我聽了簡直目瞪口呆！這個在班上人見人厭的高中生，竟然是個網紅？而且，他說的是事實，我上網搜尋他的帳號，好友人數果然驚人。

「他們才是我真正的朋友。」

這兩個孩子，都在網路世界中找到自己「真正的朋友」。他們的共同點是：在同儕團體中都是邊緣人物。**對他們而言，虛擬世界的友情很真實，真實世界的友情很虛假。**

搭起一座橋，也築起一道牆

我慢慢可以理解，他們在虛擬世界裡越陷越深，而與真實世界越趨脫節的原因。**網路世界幫他們搭起了一座橋，建立起令他們有歸屬感的友誼，但同時也築起了一道牆，阻斷了真實世界中的人際連結。**這也是一種排擠效應。當你花過多心力在經營虛擬世界的人際關係時，便可能忽略了那些與你有真實互動的家人或朋友。於是，你開始在真實世界中顯得形單影隻，而更渴望進入虛擬世界找網友取暖，這些案例，提供我去思索孩子的3C使用與教養問題。手機或網路可以創造連結，也可以阻斷連結；可以幫助眞實世界的人際關係更加緊密，也可能遮蔽了眞實世界的社交生活。

是促進連結，還是阻斷連結？

數位時代父母的3C教養難題，分別落在「量」與「質」兩大面向上。量的方面，是開放給孩子使用網路的時間、時機、頻率、次數等，該如何拿捏？質的方面，則是孩子接觸到的網路內容與3C裝置爲何？

如果你問我，數位時代父母的3C教養策略是什麼？目前沒有最佳的成功方程式。但是有一個重要的判斷依據：**當提供孩子使用3C網路的機會時，孩子究竟是透過數位媒介，與眞實世界的人事物創造有意義的連結？還是與身旁的家人朋友，及自身的重要任務漸行見遠？**如果是前者，你可以適當開放並鼓勵孩子使用；若是後者，就需要我們及早予以協助，因爲，那可能是走向網路成癮的警訊。至於爲什麼會走到後者這般田地，這不只是手機網路本身的問題，而是另一個複雜的話題了。

4. 上癮了嗎？如何辨識孩子的網路成癮？

「誰可以忍受整整一天不使用手機？」

這是我常在親職教育講座中問的問題，現場總會有零星幾位家長舉手。我會看著他們，接著問：「你確定嗎？」

會這麼問，是有原因的。我們身處網路時代，智慧型手機為我們帶來莫大的便利，日常生活的一切，全與數位裝置密不可分。同一時間，我們也變得過度依賴3C科技。**而大多數人，面對手機網路的依賴問題，其實都過度自信。**

不斷把手機從口袋中掏出來

有一回，有四天的連續假期，我與太太和女兒回鄉下老家度假。許多親戚那時也都會回來，女兒還可以和幾位年齡相仿的孩子玩在一起。

一天早上，我邊看著孩子們在院子裡玩耍，邊有一搭沒一搭地滑著手機。「啪」的一聲，手機逃離了我的手掌，螢幕朝下急速墜落，頓時感受到地心引力發功，再拾起，螢幕已炸裂成蜂窩狀。即使還能正常運作，但已看不清小方框裡的內容了。「好吧！這手機陪伴了我六年，是該讓它退休了！」我把手機放進口袋裡，繼續陪孩子們玩耍。不到五分鐘，不自覺地摸摸口袋，拿出手機，滑開螢幕，發現什麼都看不清楚，又放回口袋裡。這個動作，反反覆覆做了不知道多少遍。

晚上吃飽飯後，客廳裡人手一機，邊滑邊聊天。我沒手機可用，只好看電視。對我這個平時不看電視的人來說，電視節目其實很精采，但沒看幾分鐘，我又摸摸口袋，想把那隻小機器掏出來，但看到螢幕的慘狀，只好無奈地再放回口袋。同樣的動作，我又反反覆覆地做了好幾次，而接下來的幾天，都是如此。

這不禁讓我想到，手機成癮的第一個指標**「強迫性」——明知道自己不需要或不該使用手機網路，但仍然無法控制地繼續使用**。就像平常在開車時，只要車子停下來呈現靜止狀態，我會馬上拿起放在一旁的手機，檢查手機訊息或瀏覽臉書的動態，即使我知道這是件很危險的事情。

被莫名的焦慮糾纏著，坐立難安

連假結束，我馬上到電信公司申辦新手機。因爲我要的機型缺貨，還要等個一、兩週。那幾天只要閒下來，就會想滑開手機，但什麼都看不清楚，只好關掉。可是我的心情卻忐忑不安，莫名焦慮的感受持續縈繞心頭。我不知道自己在焦慮什麼，也許是怕遺漏了重要訊息，也或許是擔心沒追蹤到最新資訊。總之，我成天握著那已經不堪使用的舊手機，坐立不安地過著每分每秒，並期待著新手機的到貨通知。

以前總想，智慧型手機讓我變得更忙碌，每天得花許多時間查看資料、回覆訊息；而真的沒有手機可用時，卻發現自己不能沒有它。就算知道沒手機也不是世界末日，但總感到身心難耐，得找點別的事情做，才能轉移這份焦慮感。

或許，我正經歷網路成癮的第二個指標**「戒斷性」——當不能使用手機網路時，會感到身心難耐、痛苦萬分。**

瘋狂渴望虛擬世界裡的驚豔時刻

我開始懷疑自己是不是有手機使用成癮的問題。強迫性與戒斷性，我似乎都符合，另外還有兩個指標，一個是**「耐受性」**——**一次要比一次使用的時間更長、刺激更強，才能夠感到滿足**；另一個是**「功能受損」**——**因爲大量使用手機網路，而嚴重傷害到家庭、人際、工作、學業、健康等各方面的正常經營與運作。**

我認眞想了想，如果手機是完好的，四天連假這多出來的閒暇時光，我會做什麼？大概是拚命找空檔滑臉書吧！只因爲我是臉書的重度使用者。老實說，臉書裡的內容多半乏善可陳，但偶爾也有幾篇讓人驚豔的文章；而就在此刻，大腦中掌管期待與渴望的部位，被用力地戳了一下，讓人產生更多期盼。

別小看這偶爾的驚豔時刻，在心理學上被稱爲「間歇性增強」。**你難以預測下一次的驚喜何時會降臨，於是你開始瘋狂地期待，投入更多時間與精力，停不下來。**我們很容易在賭場看見這現象，也是賭博業者讓賭客們駐足流連，最後散盡家財的慣用手法。只是，在網路世界裡，你押的不是錢，而是時間與注意力。就像我一樣，不斷地瀏覽臉書，手指快速滑動，搜尋那令人垂涎的獵物。已經滑很久，甚至滑到沒有新內容了，我還是想繼續滑，期待那驚豔時刻再度到來。

看來，耐受性我也有些符合了。至於功能受損，這倒可以鬆一口氣。到目前爲止，家庭經營得還不錯，事業發展也在軌道上，身體健康我也持續注意中。不過，這是我的主觀認定，說不定我太太不這麼認爲。

網路成癮的界定

許多來找我求助的家長或老師，在描述了孩子的手機網路使用狀況後，往往會問我：「這是不是網路成癮了？」

到底是不是網路成癮，需要綜合觀察多項當事人的行爲樣態，絕不是上網時間越來越長，就算是網路成癮了。從前述我分享自身的經驗中可以得知，網路成癮可以透過四個指標來評估，包括強迫性、戒斷性、耐受性，以及功能受損，四者缺一不可。

（一）**強迫性**：指的是無法控制地使用手機網路，即使知道應該停下來，或已帶來很多問題，仍然停不下來。有很多孩子其實都知道，繼續沉迷網路遊戲是不對的，覺得再這樣下去人生要毀了，但就是無法控制。

（二）**戒斷性**：當不能使用或被迫停止使用手機網路時，會感到身心難耐、痛苦萬分。

（三）**耐受性：**需要花費越來越多的時間在手機網路上，或者在網路上尋求更強的刺激，才能感到滿足。

（四）**功能受損：**因爲大量使用手機網路而造成生活各方面的功能嚴重下降，包括課業表現、人際關係、工作、家庭、健康或生計等，無法維持正常運作。

其實，不只是手機網路，所有被稱做「成癮」的行爲或活動，都需要符合上述四項條件。爲了方便記憶，前三者合稱「無法控制」，再加上一項「功能受損」，並且持續至少一年以上的時間，大概就可以被稱作是「成癮」。

回想一下，在我們的生活中，其實也有很多的「無法控制」，例如追劇、嗜吃甜食、狂喝咖啡、大量接觸菸、酒或某些藥物，甚至瘋狂投入工作等，但如果還不到功能受損的狀況，我們不會認爲那是成癮，充其量只是不良習慣而已。

再想一想，如果孩子今天是無法克制地投入讀書學習中，常念書念到廢寢忘食，你會說孩子對讀書成癮嗎？不會，你甚至會鼓勵他越熱愛越好，因爲這麼做，能讓成績提升。

因此，任何行爲要被認定是成癮，還沒那麼簡單。而且，成癮不是你說了算，或我說了算，通常需要經過專科醫師的診斷才行。

二〇一八年六月，世界衛生組織正式將「電玩失調」列入第十一版的《國際疾病分類》中，被認定爲精神疾病之一，在精神醫學及心理學界引起相當大的關注與討論。

「電玩失調」的症狀爲無法控制地過度投入電玩遊戲中，將它視爲生活中最優先且唯一的事項，以致忽略其他重要的日常任務，並且嚴重損害日常生活運作，如健康、家庭、學校或工作等層面，明知有害卻不能停止。上述症狀需持續至少十二個月才算確診。

我們同時得思考，**認定孩子是否「網路成癮」，對於孩子有何幫助？**

當「網路成癮」的標籤被貼在孩子身上時，產生的究竟是正面還是負面的影響？會不會孩子在這個不是那麼名譽的標籤下，更難從虛擬世界中走出來，反而合理化了自己已經失控的網路使用行爲？

我認爲，比獲得「孩子是否網路成癮了？」這個答案更重要的，是透過成癮的各項指標，評估目前孩子的網路使用成癮風險，當越接近各項指標的描述時，代表越需要家長及時介入與協助；而若各項指標的描述出現機會不大，家長大可以不必過度擔心，做好一般的規範即可。

如果你想評估孩子（或自己）網路成癮的風險程度，不妨上衛福部網站「網路成癮專區」，線上填答「網路使用習慣量表」❶或「短版手機遊戲成癮量表」❷，都可以獲得一些訊息與建議。但是否確定爲網路成癮，仍應由專科醫師診斷與評估爲主。

❶網路使用習慣量表

❷短版手機遊戲成癮量表

如何從網癮中脫困？

因爲手機不堪使用，新手機又還沒到貨，所以有了一段沒手機可用的空窗期。頭幾天還眞難熬，慣性地想使用手機的動作不斷反覆出現，而沒手機可滑的身心難耐也頗爲明顯。

大概不到一個禮拜，我感覺好多了。

我不再時時刻刻想著手機，而是開始將注意力放在其他事物上，例如閱讀、運動、寫作，或者在MOD頻道上找電影來看。每天晚上我也得以專心陪伴女兒，而不是邊讀繪本，邊滑著手機。

這讓我體認到**脫離手機網路的糾纏需要兩個要件，一個是時間，一個是生活重心**。當你有足夠長的時間可以隔絕那令你爲之瘋狂的數位裝置，你會對這些玩意兒漸漸不再出現興奮反應，這在心裡學上稱爲「減敏感」。但只有時間是不夠的，如果你沒有其他生活重心可倚靠，時時刻刻思念著虛擬世界的美好，就算長時間被禁止使用3C產品，一旦有機會接觸，你會報復性地把之前沒能玩的，一次玩個夠。

因爲手機摔壞了，讓我有機會反思自己是如何失控地使用數位產品，以及經歷脫癮的過程。我進而重新思考：是什麼讓青少年被困在網路世界中，無法自拔？

如果連一個生活正常，且具有一定自制力的大人如我，都可能被數位裝置給綁架，需要花上一些時間擺脫糾纏，那麼我們又怎麼能期待孩子們會因爲大人不斷勸說、曉以大義，就願意放下手機、脫胎換骨呢？

虛擬世界的花花綠綠已經夠吸引人了，若孩子所處的現實生活，處處是令他感到挫敗連連的經驗，又找不到生活重心、對未來沒有期待，甚至身旁充斥著只會指責、批判與否定他的大人；那麼，**網路世界可能是孩子還願意在這個世界上大口呼吸的最後一根浮木了**。

Lesson 2

數位教養最常遇到的十三個問題

1. 孩子的第一隻手機何時給？

二〇二〇年新冠病毒席捲全球，幸好臺灣防疫有成。但那年冬天延後開學兩週，孩子度過史上最長的寒假，埋首3C世界中的孩子回神了嗎？

二〇二一年夏天，臺灣又陷入病毒危機，全國防疫三級警戒持續許久，在停課不停學的情況下，孩子們大量使用網路設備遠端學習。緊接而來的暑假，孩子是否在網路世界中越陷越深呢？

現今3C及網路問題嚴重困擾家長，許多師長常問一個問題：「究竟什麼時候可以讓孩子開始使用手機或網路？」這個問題很難回答。因爲我們身處數位時代，生活中充滿著網路及3C產品，孩子很難不接觸到，所以完全禁用絕非上策。

但如果你問我的是：「孩子何時可以開始接觸網路世界或使用3C產品？」我會說：「需要的時候就可以用。」

什麼是需要的時候？

例如，透過視訊電話與親人聯繫感情、進行線上課程、搜尋資料等，當然，這需要大人一定的引導與監管。**你不可能永遠不讓孩子接觸網路或3C產品，因為這個世界的潮流會逼著孩子得接觸，得學會使用。**

何時可以給孩子自己的手機？

不過，我想你真正要問的應該是：「我該何時給孩子自己的手機？」也就是孩子在什麼時間點可以擁有屬於自己的手機，而且是具有上網功能的智慧型手機呢？學齡前、小學、國中，或者高中以後？

到目前為止都沒有標準答案。而我只有一個原則：越晚越好！因為手機對兒童或青少年身心健康的傷害已經被許多研究證實了，但是再怎麼拖，你也不可能一輩子都不給他屬於自己的手機；而孩子長大了，也會自己存錢去買一隻來用。

究竟是否存在一個「孩子可以擁有自己手機」的明確時間點？當你這麼問時，只是在尋求心安而已。實際上，你根本問錯問題了！

你眞正該問的是：「身爲父母的我，準備好了嗎？」

你真正該問的是：「我準備好了嗎？」

沒錯！你是否準備好才是關鍵。我指的不是只有準備好買手機的錢，還有各種心理準備。包括：

（一）你是否可以接受手機給出去就拿不回來了？
（二）你是否可以接受或尊重孩子在手機裡的祕密？
（三）你是否已經與孩子約定好手機使用的規範了？
（四）你是否能在孩子與你討價還價時堅持底線？
（五）你與另一半對於孩子的手機使用上是否有共識？
（六）當孩子被限制使用手機而情緒失控時，你是否能接招？
（七）你是否願意陪伴孩子面對不能使用手機時的失望？
（八）你願意與孩子共同參與各種網路活動嗎？
（九）你是否能意識到自己其實想用手機監管孩子的行蹤？

（十）你是否能克制自己在孩子面前使用手機？

如果上述這些你都能做到，那麼什麼時機點給手機眞的不是最大的問題。這裡頭最重要的，就是最後一點：大人是否能以身作則。**永遠記得，孩子是看著大人長大的，大人怎麼做，孩子就怎麼學**。你在家沒事就滑手機或者拿著平板追劇，卻要孩子放下手機去念書，說得過去嗎？

大人都做不到的事，憑什麼要求孩子做到呢？

連大人都做不到，憑什麼要求孩子？

每次在校園裡對老師演講，常被問到關於學生網路及手機使用氾濫的問題，老師們都相當困擾呀！他們問我：「該怎麼處理呢？」

我問：「你們很想知道怎麼做嗎？」

「想呀！」下面的人異口同聲。

「眞的很想嗎？」我又問。

「眞的很想！」這次更大聲了。

我笑了笑，說：「如果你們能在我演講的過程中，全程沒人滑手機、接電話，我就告訴你們答案！」有些人知道我在說什麼，但有些人，依然故我。

別忘了，大人怎麼做，孩子就怎麼學。當大人都做不到的事，是沒辦法要求孩子配合的！

2. 孩子的3C網路初體驗，如何正向地開始？

隨著電腦、平板、手機逐一問世，數位載具在日常生活中隨處可見，可以預見，未來AR或VR等虛擬實境的穿戴裝置會更加普及。人們早已慣常使用網路來解決生活中的大小事，孩子自然不可能永遠不碰觸這些數位玩意兒。早在學齡前，孩子已是這場數位盛會的參與者，大人不可能永遠讓他們置身事外。

問題是，年幼孩子的自我控制與訊息篩選能力均不足，大人該如何幫助孩子開始接觸數位科技呢？關於這個問題，我們得從「內容用途」「使用方式」與「載具形式」等三個面向來談起。

內容用途：當工具還是當玩具？

「3C網路是工具，而不是玩具！」

請務必把這句話記在心底，也時時刻刻讓孩子理解這樣的觀念。這句話的意思是，**3C網路是用來幫助我們解決問題、增進生活便利的途徑，而不是拿來消磨時間的娛樂產品，更不該是填補生活空虛的安撫物品**——即使現今大多數人都在3C網路中尋歡作樂。

所以，在什麼契機下可以開始讓孩子接觸到數位工具或網路呢？答案是：**當生活中有需要時，任何時候都可以起步**。例如，孩子對某事物感到好奇，需要解答，而身旁的紙本書籍等參考資料不足以滿足孩子時，大人可以陪孩子在網路上搜尋相關資訊，透過閱讀更多的文字或影像，拓展視野、滿足好奇心。

舉個例子，我的女兒剛滿兩歲時，初次聽到遠方煙火轟隆作響時，感到害怕不已，於是我就帶著她在 YouTube 頻道中搜尋關於煙火的影片，觀賞煙火的絢爛與美麗，同時告訴孩子爲何會伴隨巨大聲響。於是，她對於煙火就有多一份的認識。

當然，**你也可以刻意給孩子任務，讓孩子透過3C網路來完成**。例如，讓孩子試著規畫三天兩夜的家庭旅行，在有限的時間與金錢下，又要滿足不同家庭成員的期待，該如何安排路線、住宿、交通和飲食呢？試著讓孩子主導，而大人在一旁提醒，與孩子對話討論，是相當有意義的。**在學習上，也可以讓孩子透過網路平臺補強學科**，例如「均一教育平臺」就是現今許多中小學老師，個別化地幫助孩子跟上學習步調的重要媒介。

別擔心孩子不會使用數位工具，因爲現代人再也不需要閱讀使用說明書，就能使用各種新的科技產品。對孩子而言，不論是自己摸索或者觀摩大人示範，都能很快上手。**也正因爲如此，不能只是把電腦、平板或手機，直接丟給孩子自己使用就沒事了**。

使用方式：陪著孩子一起使用

越小的孩子，不論用途爲何，越需要大人全程陪著孩子一起使用3C產品，或接觸網路內容。一直以來，在許多公共場合，隨處可見大人在幼兒吵鬧時，把手機丟給孩子看影片換來片刻的寧靜。變相地讓數位裝置成了保母或安撫物，是相當不妥的。可以的話，在孩子剛接觸數位科技的頭幾年，父母最好是陪在一旁，一方面引導孩子如何正確運用豐富的數位資訊，一方面，也與孩子一同討論與檢視內容的適切性。**於是，使用網路或數位裝置成了親子之間的共同體驗，而這個過程提供親子之間對話與交流的素材。在這裡，使用網路是其次，共同體驗和對話交流才是重點**。

先前提到「3C網路是工具，而不是玩具」是數位教養上重要的準則。那麼，親子一起觀看有趣的影片，一起聽流行音樂，甚至一起打電玩、抓寶可以嗎？我認爲，在適量的前提下是可以的。就好像許多家庭會在週末夜晚齊聚客廳，準備些餐點，共同挑選一部電影觀賞是一樣的——**這正在創造美好的家庭體驗與家庭儀式。這時，數位媒體就成了促進家庭情感連結的工具，而不只是娛樂用的玩具了**。

在女兒剛滿一歲時，我便常與女兒一起透過手機螢幕，與住在遠方的祖父母視訊通話。因爲沒有同住在一起，我希望女兒能夠從小與祖父母保有連結。在這樣的前提下，我認爲讓孩子觀看手機螢幕是可以被允許的。**當然，前提是由我來操作與控制，並決定要視訊通話多久**。不過相信我，沒多久，孩子就會向你爭取獨自使用網路的時間。他們想要擁有自己的手機，想要不受限地自由遨翔於網路世界中，而大部分的時候，是把3C網路用在娛樂上。該如何規範，稍後就會有更多說明。

載具形式：從大螢幕開始用起

生在智慧型手機興盛的時代，孩子第一次連上網路，使用的就是手機。然而，我並不贊成過小的孩子使用手機，反之，有大螢幕的桌上型電腦會對孩子更好些。爲什麼？**這與姿勢有關，而姿勢則與一個人的自信有關**。

著有《姿勢決定你是誰：哈佛心理學家教你用身體語言把自卑變自信》一書的心理學家艾美．柯蒂做了一個實驗，隨機分派不同受試者使用不同大小的數位裝置，分別是：智慧型手機、平板電腦、筆記型電腦和桌上型電腦。只要使用短短的五分鐘，這四組受試者竟然在之後的測試中，表現出明顯不同程度的決斷力。

使用桌上型電腦那一組的人，決斷力最高；而螢幕最小的智慧型手機組，決斷力則最低。艾美．柯蒂解釋，**當使用智慧型手機時，人們的身體姿勢是卷曲內縮的，呈現這樣的姿勢越久，內在的無權力感也會越大**。而使用桌上型電腦，在正常狀態下，通常頭部較不需要往前傾，軀幹也比較直挺，較不會出現無權力感的姿態，內在則是果決自信的。如果你希望孩子有自信、行事果斷，請別給他過早使用手機。這不只影響他的骨骼與身體發育，還會讓他長期處在低度自信的身心狀態下。盡可能從桌上型電腦開始吧！

當然，這對大人也是重要的提醒。因為，通常我們每天使用智慧型手機的時間，不會一次只有五分鐘，可能是數倍或數十倍。

從來沒有吃到飽這回事

最後，不論你多早或多晚讓孩子接觸手機網路，**在孩子達到法定成年，能夠擁有自己的任何數位裝置前，都不該有上網吃到飽這回事。**

身為家長，必須幫孩子設限，不論是一次使用的時間，一天使用的總時數，以及每天的網路流量都必須有所控管。在孩子小的時候，初接觸到網路科技時，就是個機會教育的好時機。**我們得讓孩子知道，使用網路的時間與流量是有限的，並與孩子一同討論，如何在有限的時間與流量下，充分使用網路科技來解決生活疑難、創造情感**

連結。這是個有意義的對話討論過程，對幼兒的認知發展與自我控制能力，是絕對有益的。

3. 當孩子吵著擁有自己的手機時，該怎麼應對？

關於「何時可以給孩子手機，而且是自己保管使用的手機？」這個問題，我的立場比較保守，在孩子法定成年前，都不該單獨擁有手機。而法定成年後，家長也要懂得放手，別管太多。換句話說，**孩子在法定成年前，可以使用手機，但需要向家長申請，並在家長監管下使用**。

當然，孩子每天可以擁有一段自由使用手機的時間，不論是用來娛樂或社交都好，但需與孩子充分討論時間限制並執行規範；而**手機的主人是父母，絕對不是孩子**。

給孩子專屬手機前的心理準備

只是，現在大多數的孩子，在國中時就有一隻自己保管使用的手機，而且有上網功能、網路吃到飽的比比皆是。要熬到孩子成年才給，似乎有些不近人情。而且孩子會吵，甚至發生親子衝突，很多家長爲此感到掙扎。孩子們的理由一籮筐：

「我常要用手機寫作業、查資料，有自己的手機比較方便呀！」

「同學都有，我爲什麼不能有？」

「我跟同學之間要靠手機聯繫，一定要有自己的！」

「沒有手機，我和同學就沒有共同的話題了！」

你覺得頗有道理，但就是有些擔心。該怎麼辦呢？如果你正準備幫孩子辦一隻自己保管使用的手機，**請先做好心理準備：「給出去之後，就很難收回來了！」**而且，**由於手機已經是孩子「自己的」，所以，你將會很難限制孩子使用手機的時間與用途。**

孩子的自我控制能力，是關鍵衡量指標

然而，多數家長很難熬到孩子成年後，才讓孩子擁有自己的手機；因此，這個難題的衡量標準是，孩子是否具備足夠的「自我控制」能力了？

健康上網的習慣是要從小練習的，在後面的篇章中，我會詳細提到如何從小培養孩子上網的自我控制能力。**一方面，讓孩子在每天「上線——下線」的練習中，學會爲自己踩煞車，提升自我控制能力；另一方面，父母可以就此評估孩子的自我控制能力如何，可以開放網路使用到何種程度。**

若孩子時常無法在規範的時限內下線，或者假借查資料等名義，偷玩手遊、社群媒體或看影片，那麼，離孩子自行持有與保管手機，還有一大段路要走。當然，如果孩子到了青少年期，過去幾年的上網紀錄良好，大多都能遵守規範，上得去也下得來；同時，不因上網而排擠其他重要任務，如課業學習或人際關係，也許可以考慮讓孩子擁有自己的手機。

然而在這之前，**仍需要與孩子充分討論、約法三章。例如：有限的網路使用流量、平日使用網路的時間限制，以及手機中的軟體安裝等，父母仍握有部分的主導權。**

溫和而堅定地拒絕

讓大多數家長感到困擾的是，明明孩子自我控制能力不足，還不斷對著父母吵鬧不休。這時，父母有兩個常見的回應方式：第一，受不了孩子一再吵鬧，只能答應，但也要孩子允諾不可以使用過量；第二，與孩子交換條件，例如，課業成績達到什麼程度，就以手機做爲禮物。

不管是前者或後者，最後的下場常是——孩子更加沉淪在手機網路中了，而父母一點辦法都沒有。爲什麼？因爲孩子還未具備足夠的自我控制能力呀！如果你不希望落得這樣的下場，請明確地拒絕吧！

與孩子溝通時，「溫和而堅定」是最高指導原則，也就是語氣溫和、態度明確，讓孩子知道，父母不會給就是不會給。而拒絕的步驟有三，第一，表達理解；第二，說明理由；第三，替代方案。

首先，可以這麼告訴孩子：「我知道，你很想要擁有自己的手機，同學都有，你沒有，你覺得很失落。」這句話，是說出孩子內心的期待與感受。接著說：「同時，我們觀察到你過去的上網紀錄，時常超出約定好的使用時間，顯然你的自我控制能力還有待加強。因此，我們得再觀察一陣子，再考慮是否給你辦手機。」這句話，是明確地說出拒絕的理由，讓孩子知道，要擁有自己的手機的標準是什麼，以及他需要努力的方向。

你不需要大動肝火，祭出威逼恐嚇：「你再吵，以後都不准上網！」或者，以類似翻舊帳的話語怒斥：「也不想想看你每次上網時間都一再超時，功課又爛得一塌糊塗。」只要溫和而堅定地拒絕就是了。

最後，與孩子討論你們會提供什麼有限的替代方案，滿足孩子平常上網做娛樂或非娛樂用途的需要。

當孩子為了手機威脅自殺時

比較麻煩的是孩子「以死相逼」。你也許在新聞報導中看過，孩子要求擁有手機，但被父母拒絕，於是從高樓縱身一跳，讓父母後悔莫及。而確實，也有些孩子會這樣說：「你們不幫我申辦手機，就代表你們不愛我，我去死一死算了！」試圖用自殺來勒索父母。

我得說，冰凍三尺，絕非一日之寒。**孩子會爲了得到一隻專屬自己的手機而以死**

相逼，肯定不只是手機的問題，而是親子關係早已破裂——長期惡劣、緊張、衝突或疏離。孩子把情感連結的需求轉移到其他面向上——網路世界就是最好的選項。有太多青少年告訴我：「連上網路之後，有人能理解我，有人能認同我，在虛擬遊戲中、社群網站上，能被喜愛、被肯定、被接納。我才不在乎現實世界的家人或朋友怎麼看我！」所以，他們當然不能沒有網路，而擁有一隻能自由使用，又能上網吃到飽的手機，是最好不過的了。

我希望你與孩子的關係不要走到這一步。而如果已經如此，**也請把這個危機，當作修復親子關係的契機，重新與孩子連結上。我必須再度強調，高品質的親子關係，是避免孩子在網路世界中沉迷淪陷的最終解方。**

妥協給出手機，肯定無法解決問題；改善親子互動關係，才是治本之道。

4. 「同學有，我都沒有！」如何陪伴孩子面對同儕間的「比較失落」？

人生有一種失落，叫做「比較失落」。**這種失落感來自於和別人比較的結果，看到別人擁有的，而你卻沒有。**因爲期待自己能與人旗鼓相當卻苦尋不得，便陷入失落之中。換句話說，要是沒有比較，大概就不會有「比較失落」了吧？

有一天，你的孩子肯定會吵著要擁有一隻能自行保管與自由使用的手機。現在你知道，**判斷孩子是否能擁有個人手機的標準是：是否具備足夠的自我控制能力，亦即「上得去」也「下得來」**的能力。

孩子沒有手機，感到很丟臉？

好吧！你就算認同我的觀點，也很難堅持。因爲，孩子會吵呀！最常見的理由是：「同學都有，我爲什麼不能有？」只要班上有人帶手機來學校，其他人就會開始羨慕。若孩子是少數幾個沒有手機的人，便會出現比較失落。**相信我，孩子眞的會因爲沒有手機而感到丟臉、落伍與挫折**。一方面是面子問題；另一方面，孩子會懊惱地告訴你：「因爲沒有手機，我無法與同學有共同話題，快變成班上的邊緣人了！」聽起來頗有道理，孩子又每天愁眉苦臉地抱怨不休，該怎麼辦呢？這時候你該做的，不是和孩子討價還價，爭論不休，也不是斥責孩子不懂事、講不聽，而是溫和而堅定地陪伴孩子面對失落感。

表達理解而非否定指責

陪伴的過程不需要說服孩子聽話，而是要**在對話中，大量地同理孩子的情緒感受，表達對孩子期待的理解**。可能的對話如下：

父母：「我知道，你很想擁有自己的手機，是嗎？」

孩子：「對呀！同學都有，我卻沒有，很不方便耶！而且，我都不知道他們在聊些什麼，我覺得自己像邊緣人一樣！」

父母：「我了解了！我想，你會感到有些孤單，是嗎？因爲你發現自己因爲沒有手機，而無法與同學密切聯繫，或者沒有共通話題。」

孩子：「對呀！眞的，很難融入他們。」

父母：「沒辦法擁有自己的手機，還讓你有什麼感覺呢？」

孩子：「很丟臉！」

父母：「嗯！丟臉，怎麼說呢？」

孩子：「不知道，我覺得自己很落伍，跟不上時代。」

父母：「原來如此，難怪你那麼羨慕同學能有自己的手機！」

重申原則，尋求替代方案

在充分傾聽孩子的感受，以及表達對孩子的理解後，家長接著要做的是重申自己的立場與理由：「我知道你很想擁有自己的手機，不過我們先前已經說過了，在我們評估你擁有足夠的自我控制能力以前，不會給你辦自己的手機喔！」

「但我也能理解，沒帶自己的手機去學校，讓你覺得很丟臉、落伍以及與同學疏離。所以，我們一起來想想，如何解決這些問題吧！」

千萬別對孩子的抱怨與困境視而不見，感到丟臉、落伍、疏離或沒面子，正是孩子的困擾，家長需要與孩子一同去面對。

「同學們現在都在聊些什麼話題呢？」你可以這麼詢問孩子，並且告訴他，你會在家裡的電腦或數位裝置中，安裝這些軟體或應用程式；孩子可以在每日規範好的3C使用時間內接觸使用，以免與同儕的話題脫節。甚至有時候也可以與孩子一同參與這些流行話題，像是一起玩手遊或觀賞動漫影片等。於是，孩子會知道即使沒能擁有自己的手機，且被規範使用時間，仍然可以與同學透過數位裝置保持社交聯繫，可以跟得上最新的話題，不至於被邊緣化。

擊潰比較怪獸的終極策略：提升自我價值

當然，這只解決了部分問題。因爲，孩子之間總會比較，沒手機的羨慕有手機的，有手機的羨慕有高階手機的。就算你給孩子辦了手機，孩子還是會抱怨，沒完沒了。

孩子爲什麼如此愛比較呢？終究，這與一個人的「自我價值」有關。我們要問的是：「孩子正在透過外在擁有的事物，來證明自己的價值嗎？」一個自我價值感足夠正面的人，擁有十足的內在力量，能夠欣賞自己的長處、接納自己的不足，不需要透過過度與別人比較，也能從容自在地活著。我想，你一定希望孩子是這樣的人吧？**養成的關鍵有二，也是一個人是否擁有自我價值感的指標：第一，欣賞自己的長處，第二，接納自己的不足。**

要做到上述兩者，**父母需要時常用正向的眼光來看待孩子，也就是「正向聚焦」**。當父母懂得欣賞孩子身上那些美好的特質（而不一定是良好的表現結果），孩子就能看得見自己的好，因而擁有自信。當孩子平時遇到挫敗或表現失常時，父母能溫柔地予以同理，**並看見孩子在這過程中的努力、付出與堅持，以及行爲背後的正向意圖，引導孩子從挫折中學習與成長，便能幫助孩子接納失敗，而不是害怕失敗。**

然而，這些都是日積月累的結果。

孩子愛比較，而父母呢？

說穿了，孩子愛比較，也是學來的呀！**當父母本身愛比較，孩子就越在意比較的結果。**於是，當孩子發現同學有手機而自己沒有時，就會陷入失落中。**這值得家長自我省思，避免拿孩子的表現與別人比較。過度比較的結果，不論比輸或比贏，都會帶來反效果。**

我們要讓孩子知道——即使我在同儕間沒有手機可秀，可能有點沮喪，但我也不會因此難過或洩氣。因爲，我身上仍擁有值得被欣賞的地方，也擁有長處與強項，不需要因爲沒手機而感到丟臉。

5. 如何開放與控管孩子的網路娛樂使用時間？

這年頭的父母不免要經歷一段親子之間「手機大亂鬥」的時期，也就是孩子極力爭取更多使用手機的時間，父母此時需要扮演好把關的角色。

其實，3C產品或手機網路的使用，不單單是「可以用」或「不可以用」的問題，我們需要**把它看成是「對抗誘惑」的過程**。爲什麼？

網路使用的控管，就是對抗誘惑的過程

智慧型手機的設計，就是要讓你「愛不釋手」。當生活中的各種必須活動，以及全世界最有趣的事物，都被集中在一個小小螢幕中，大家當然拚命盯著看，誰還有空理會身旁的人呢？當大人都難以抵擋手機的誘惑，大腦尚在發育中的孩子，更是無招架之力。因此，我越來越同意有些學校規定進校門收手機的政策，因爲，**管理誘惑最**

簡單的方式就是：「眼不見爲淨」——沒看到，就不會想起，心思就會放在當前重要的事情上。當然，這不可能解決所有的問題。

所以，**大部分的「手機大亂鬥」都是發生在放學後的家庭時光中**。孩子憋了一天沒上網，回到家瘋狂滑手機，任憑大人怎麼勸、怎麼吼都沒用——這樣的場景，你應該不陌生。特別是如果你沒有在孩子尚小時，就逐步鍛鍊他自我控制的能力，手機網路往往是占上風的一方。

上得去，也要下得來

在孩子使用手機網路的管控上，我們最怕遇到兩種狀況：

第一，國中以前，家長認爲孩子功課壓力不大，無限制開放使用，國中之後見學習大受干擾，這時才要規範，已經一發不可收拾。

第二，國中以前，家長認爲孩子還小不該碰，嚴格禁止，上國中後甫解禁，就讓孩子網路吃到飽；孩子沒有從小練習，當然上去後就下不來。

從小，孩子會因爲各種需要，使用網路及各種數位裝置。我們先前提到，應讓孩子認知到「3C網路是工具，而不是玩具」，然而，**除了學習及聯繫家人情感等必要用途外，孩子也會向父母爭取一段可以自由支配的網路使用時間，通常會用在休閒娛樂或同儕交流上。**父母如何有計畫地開放與管控這段「可自由支配的網路使用時間」，正是培養孩子自我控制能力的大好機會。

第一步：小處著手——從孩子做得到的開始練習

通常在幼兒園或上小學時，就可以讓孩子有機會接觸到手機或網路世界。除了幫孩子過濾及篩選網路內容外，更要規範孩子網路使用的時間，例如，從每天每次十分鐘開始。

- **事先規範：**開放孩子使用前，先說好規則，請孩子時間到就要停下來。
- **預告提示：**如果約定時間是十分鐘，七分鐘時就要預做提醒，讓孩子有心理準備為自己踩煞車，結束使用網路。
- **堅持停止：**時間到時，務必請孩子停下來，原則上不能有討價還價的空間。
- **溫和而堅定：**若孩子不從或因此大發脾氣，請父母保持「溫和而堅定」的態度，先同理孩子的感受：「我知道你還想玩」「我知道不能繼續玩手機，你很生氣」，同時堅定地繼續要求孩子停止使用網路。

●**適時肯定：**當孩子能做得到，在事先約定的時間內停止使用手機網路時，請不吝給予孩子大大的肯定。因爲這對孩子而言眞的不容易。

年紀越小的孩子，在使用網路的過程中，父母盡可能參與互動與討論；越大的孩子，只要確認孩子使用網路內容無不妥，便可以給孩子獨自使用的空間，或者在一旁陪伴就好。

第二步：逐步開放——依孩子年齡及自我控制能力漸次開放使用時間

當孩子能夠在一段時間（通常是以一年爲單位）後，做到在規範的時間內結束使用手機網路，便能夠相信他已經具備一定程度的自我控制能力；此時，便是延長手機及網路使用時間的時機了。每次延長五到十分鐘不等，通常需要與孩子事先充分討論，取得共識。

如此，只要孩子能夠在一段時間內都遵守規則，確實做到「上得去也下得來」，父母就可以在新的年段，再多開放孩子使用手機網路的時間。**請注意，一次增加一點點就好，以孩子能做得到的爲原則；如果孩子停不下來，就請退回原來的使用時間，當然，這些規則事先都要說清楚。**

第三步：反覆堅持——每天都做到，沒有例外

最後，也是最重要的事，在執行過程中，父母必須堅定立場，讓孩子知道不可能有例外。因此，不論晴天雨天、平日假日，甚至功課進步或退步，都要共同遵守規範。**這時最該避免的是，把上網時間與孩子的成績或學習表現掛勾在一起。**如果你告訴孩子：「只要功課進步，就給你多一些時間上網！」到頭來會變成，孩子威脅父母說：「如果你不讓我玩手機，我就不讀書了！」**同理，父母也不可以因爲任何理由，無故剝奪孩子使用手機網路的時間——要求孩子遵守規範，父母自己也得先遵守。**如此，孩子便會清楚知道，每天他有多少時間能上網，在哪個時段能自由支配手機網路。這時候，父母若能與孩子討論以下兩個問題，會更能幫助孩子提升自我管理的能力：

一、**該如何充分運用這段有限的上網時光？**

二、**如果一直很想繼續上網不想下線時，可以怎麼幫助自己踩煞車？**

從小就反覆練習的目的在於孩子進入青春期時，能夠擁有足夠的自我管理能力以抵擋誘惑，知道什麼時候可以上線，什麼時候要停下來；什麼時候可以多上網一些，什麼時候連碰都別碰比較好。

高品質的親子關係是避免網路沉迷的防護網

單純把手機網路本身看成是個誘惑源，若有一定的自我管理能力，便可抵擋誘惑，不至於讓網路主宰人生。然而，我們都知道，孩子沉迷於網路，反映的常是生活中遇到困境、陷入痛苦之中，像是課業挫敗、同儕孤立、情緒困擾或家庭危機等。**生活中若缺乏一定的成就感，也感覺不到被家人朋友接納與看重時，孩子輕易地在網路世界裡獲得慰藉，當然進得去同時也出不來，而且會越陷越深，這才是最大的問題關鍵點所在。**

身為父母，我們大概很難幫助孩子，掃除所有成長過程中會造成痛苦的障礙，但

我們至少能盡力與孩子維持一段高品質的親子關係，這能讓他們在現實生活中因挫敗而急速下墜時，穩穩地接住孩子，不至於陷入網路世界裡，不可自拔。

6.「再一下子啦！」當孩子一直不肯下線時，怎麼辦？

現在你知道，要培養孩子「上得去」也「下得來」的自我控制能力，必須從小開始做起，特別是將3C網路做爲娛樂用途的使用時間，一定要有限制。當依循「小處著手」「逐步漸進」與「反覆堅持」三個原則實施規範時，一定會遇到孩子無法在約定好的時間下線，而不斷拖延的問題。

「好啦！再一下下就好了！」

「就要破關了，再給我五分鐘！」

「吼唷！再一下子又不會怎樣？」

「拜託啦！再十分鐘就好！」

做父母的都知道，對孩子「堅持」眞的很難。當孩子向你求情，而你有些心軟……答應好了！當孩子怒氣相向，你怕破壞親子關係……妥協算了！然而，**有道理的堅持，是爲了讓孩子學習到行爲邊界——什麼可以做？什麼不能做？能做到什麼地步？而非毫無章法地我行我素。**

問題是，孩子一直吵，就是不願意「繳械」，該怎麼辦呢？

讓專業的來——善用網路監管軟體

每當有家長問我，孩子因爲不想下線而與父母吵鬧爭論時，我通常會建議：請「網路監管軟體」來幫忙吧！家長常會很驚訝地問：「有這種東西？」

當然有，而且存在已久。只要上網查，就找得到許多類似的應用軟體，有免費與需付費的。你甚至也可以與電信公司合作，請他們協助設定。

網路監管軟體可以設定家中 Wi-Fi 或數位裝置的使用時間、使用時段甚至使用流量，在非被允許啟用的時間內，網路是不會連線的。於是時間一到，網路自動斷線，孩子怎麼討價還價也沒用。甚至你可以透過這些軟體，依照網路分級制度，限制孩子能夠上網瀏覽的資訊。

當然，過來人都知道網路分級的限制，對於約束孩子瀏覽不當網路內容效果有限；孩子甚至有能力破解，想看到的仍然看得到。但網路監控軟體卻可以有效限制孩子網路使用的時間或時段，在非開放時段，大人無須多費唇舌，孩子也沒網路可上。

目前被廣爲使用的是由 Google 所提供的 Family Link 應用程式，下載後裝置於手機或數位裝置中，可以限制孩子的上網時間，包括使用時段或使用上限。當然，**在初次設定或更動設定前，我希望你可以先和孩子做充分的討論，建立共識後才實施，而不是在孩子不知情的狀況下，任意更動設定，讓孩子無所適從**。

使用 Family Link 也可以監控一個人的手機使用習慣，藉此了解孩子使用數位裝置時，都把時間花在哪些地方？是手遊、YouTube 或是 Facebook、Instagram、line 等社群軟體？有機會可以和孩子聊聊這些網路內容，甚至共同參與。如果你使用的是 iOS系統的數位裝置，則可以直接在手機或平板中，設定好螢幕使用時間，時間一到，螢幕就會自動變暗或直接鎖定，也可以設定自動提醒功能，幫助孩子踩煞車。

喊停就是要停

使用網路監管軟體的好處是：不需要在孩子不願意下線時和他針鋒相對。如果家長忙碌，無法時時提醒孩子，網路監控軟體會是你的好幫手。但很多時候還是得承受孩子不願意下線時的情緒風暴。當孩子被強迫下線而勃然大怒，臉色或口氣不佳時，也會引爆你的怒火，瞬間理智斷線。

請深呼吸並清楚地告訴自己：「時間到，就是到了！」**在穩住自己的情緒後，用堅定但溫和的語氣，「一再」表達你的要求**。可能的對話如下：

家長：「時間到了，請下線囉！並把手機還來。」

孩子：「吼唷！再一下下就好啦！」（孩子仍沉浸在螢幕中。）

家長：「不行！請現在就停下來。」（再次提出要求。）

孩子：「不要啦！等一下啦！」（實在沒那麼容易抽身。）

家長：「請現在就停下來，手機還給我。」（再度堅定地要求。）

孩子：「幹嘛這樣？很奇怪耶！再一下下又不會死。」（孩子顯露不耐，口氣也不佳。）

家長：「我知道，中斷你上網，你會很不開心。但我們已經約定好了，現在時間到了，請下線。」（表達同理，同時重申原則。）

孩子：「吼……」（仍想爭取一絲可能。）

家長：「我觀察到，你前幾天都有遵守約定，我相信，今天你也可以做到！」（正向聚焦在過去「有做到」或「做得到」的地方。）

孩子：「好啦！」

家長：「謝謝你願意遵守規範，下線並交出手機。我知道這很不容易，但你終究做到了，我很欣賞你的努力喔！」（正向聚焦在孩子的努力上。）

當孩子願意下線，交出手機時，請立即予以肯定。這會讓孩子感受到自己的努力被看見，因而願意繼續努力做到自我控制，千萬別視爲理所當然。孩子有可能在交出手機時，心情不佳、氣憤不已，請給他一個緩和情緒的空間。可以詢問他：「你還好嗎？我看到當你無法繼續上網時，很生氣呀！需要陪你聊聊嗎？或者你可以自己調整好心情？」這樣說會讓孩子感受到他的情緒感受有被關注，同時，他是被允許生氣的。

讓孩子付出相對代價

有的家長會在孩子一拖再拖而不願意下線時，祭出懲罰來威嚇孩子，例如：「你再繼續滑，我就不帶你出去玩！」「你經常不遵守手機使用規範，以後不准用手機了！」

如果要讓孩子有所警惕，必須謹記幾個原則：

第一，約定好的。孩子因未遵守規範而需付出的代價，應該事先說好，且親子雙方都同意的，而非父母一時氣憤臨時脫口而出。

第二，有相關的。代價需與行爲本身要有關連，例如：「今天超過使用時間，所以明天不准使用手機。」這便是有相關的。若是：「今天超過使用時間，所以晚上不准吃飯！」這樣的行爲後果則和行爲本身無關。

第三，合情理的。讓孩子付出的代價不可過重或太輕。例如，若只是一天未能遵守規定，可以剝奪隔天使用手機的時間，這算是合情理；但若是要孩子一整個月都不准碰手機，顯然超出合理範圍了。

若孩子時常違反規範，那麼，則要和孩子討論，縮短每天手機使用的時間。例如：「從明天開始，每天減少使用手機五分鐘。」接著觀察與評估，孩子若能連續一週都在規定的時間內下線，就可以恢復至原來的時間長度。當然，還有一種可能是，孩子正在玩的網路遊戲每一局都需要一定的時間。可以先了解後，與孩子討論，若是沒有太誇張，彈性調整時間限制，允許孩子有充分時間完成一個關卡後再下線。

最後老話一句，說到就要做到。**和孩子約定好的規範，就要確實實施；孩子若未能遵守而需付出的代價，也要確實執行**。我們得讓孩子知道，規範是拿來遵守的，而非拿來打破的。

7. 如何教導孩子避免手機網路的分心誘惑？

或許你已經觀察到，現在的孩子難以專注。其中一個很大的原因就是孩子在念書、寫作業或執行重要任務時，經常分心去察看手機訊息。

我帶過無數場以國、高中生爲對象的學習策略工作坊，課程中，我知道年輕孩子想把書讀好，但最大的困難就是不知道如何抵擋手機的誘惑——不時拿出來滑一下，不知不覺把溫書的時間全浪費掉了。

抵擋分心不能光靠意志力

人類大腦的設計，本身就是不利於長時間專注的。那是爲了保護生活在原始時代的人類免受毒蛇猛獸等天敵的侵犯，而能即時注意到外界的風吹草動，趕緊採取防禦措施，這能增加活命的機會，我們甚至可以說：「分心是種本能。」正因如此，現代人需要花費更多的力氣，去對抗那些可能奪取注意力的各種誘惑來源。而智慧型手機的誕生，讓這項任務更爲困難。

現在只要一機在手，就能包辦生活大小事。然而，你可能只是想收個信，發現臉書或 line 有未讀訊息。一小時後，你的信仍沒收，但你已經花了好幾倍的時間在瀏覽臉書或回覆即時訊息上。更不用說透過手機，可以觀賞精采的影片、玩簡單又有趣的遊戲，短暫中斷手中正在進行的重要任務，不論是學習、工作或人際互動。

我認爲，要克服手機或數位裝置帶來分心的問題，唯一的方法不是靠意志力，而是**「眼不見爲淨」原則**。也就是，**在執行重要工作，或需要長時間專注時，別讓有趣又誘人的數位裝置放在你的身旁。最好，你不會看見它，甚至不容易取得它。**

眼不見為淨，看不見就不容易想起

因此，我會建議孩子們，**溫習功課或寫作業時，千萬不要將手機放在書桌或書房內，不但要離開視線範圍，還要取得困難。**最好的做法是直接交給家人保管。看不到，就不容易想起；就算想起，想到取得如此困難，也會比較容易打消念頭。

曾遇過一個孩子，到了高三大考前，直接把手機交給姊姊，請姊姊更改並保管各種應用程式的密碼，讓手機只剩下最基本的接聽電話功能。直到考完才向姊姊要回密碼，重新登入。這壯士斷腕之舉果然奏效，使他考進了理想的學校。

零3C干擾的家庭時段

父母在與孩子討論這個問題時，不妨提出「眼不見爲淨」的原則，讓孩子知道，**自我控制除了靠個人的決心與意志力外，也需要一些策略或方法，光是把誘惑源移出視線範圍，就能有效杜絕分心了。**

你大概難以想像，生活環境對一個人的影響甚鉅，環境中的種種提示會引發或抑制一個人的行爲表現。否則，孟母何必三遷？我不是要你打造一個零3C的家庭環境，因爲這有些不切實際。但你可以採取些行動，幫助孩子免除3C誘惑的干擾。

第一，**在孩子溫習功課或執行重要任務時，幫他保管手機、網路或數位裝置，不但要讓他看不到，更要難以取得。**如果你已經對孩子的3C網路使用時間做了有效規範與管控，這個步驟一定沒問題。

第二，**試著營造一個家庭零3C的時段**。例如：全家一起用餐時，或每晚孩子溫習功課時，關閉全家的3C產品或網路。用餐時好好享用食物，透過有品質的對話，連結家人情感；學習時好好用功，全家一起拿起書來閱讀。

第三，大人以身作則，**避免邊做事邊用手機。這包括了與孩子談話時也要盡量專注**。大人怎麼做，孩子就怎麼學，身教永遠勝於言教，孩子才能心服口服。

別只依賴學校

這些習慣的養成都是在家裡。學校最多要求孩子在上學時段禁用手機，或者幫忙保管手機，但離開學校，還是得由家長來約束與規範。老師可以苦口婆心地勸誡孩子遠離3C誘惑，但實際執行則有賴家長的配合。

學校能做的眞的很有限。甚至，有些家長還不願意配合學校某些立意良善的規範，讓老師感到很爲難。**家庭教育才是3C教養的主力，學校能幫的很有限，千萬別再爲難老師了！**

8. 爲了監控孩子的行蹤，而辦隻手機給孩子，可以嗎？

當智慧型手機改變了這世界人與人之間的溝通方式後，數位裝置也介入了親子關係。我想起好幾年前，曾與一位國小老師聊天，她教的是低年級的班級。她說：「我常希望父母不要讓孩子帶智慧型手機來學校。一方面是用不到，另一方面，若是弄丟弄壞，後續衍生的問題不斷。但就是有些孩子常會帶手機來學校，讓我感到很頭痛！和家長溝通之後，才知道原來不是孩子吵著要，而是父母希望孩子帶來。他們說，這樣比較方便聯絡！」

確實，越來越多父母讓孩子過早擁有一隻個人手機，爲的是方便聯繫。我想這無可厚非，只要管控得宜，通常不會有太大的問題。然而很多時候，家長其實是**假「聯繫」之名，行「監控」之實**而不自知。

過度監控是破壞親子關係的殺手

聯繫和監控，有什麼差別？

如果是爲了方便聯繫，你只會在需要時，才與孩子透過手機通話，例如與孩子約時間和地點接送。然而，如果你想的是，無時無刻都要知道孩子的動態，就已經到監控的程度了。

像是，當孩子出門時，父母便要求「定時回報」。還不時透過通訊軟體追蹤行蹤，若孩子遲遲沒有回報或已讀不回，便開始奪命連環叩，等到孩子回到家，也免不了被數落一頓。父母本來就有權也有義務了解孩子的行蹤，然而，過度監控會令孩子反感；**小時候還好，當孩子慢慢長大，到了青春期，你還像直升機般盤旋在他頭上，孩子肯定會與你鬧翻的**。我不是要你對孩子不聞不問，但你得知道過度監控會產生反效果的。

首先，道高一尺，魔高一丈，**孩子不想讓你知道的事情，他仍然有辦法瞞著你，當眞有大事發生時，你可能是最後一個才知道的**。第二，過度監控讓孩子感受到的是

「不被信任」。當他們有這種感覺時，**通常不會努力做一些事讓父母更放心，而會有更多的隱瞞與敵意，最後常是拒絕分享、拒絕溝通，親子關係降至冰點**。於是，你想與孩子透過3C網路建立連結，反而成了連結斷裂的導火線。

放下焦慮，共商對策

常聽家長說：「我的孩子前科累累，所以我才需要這樣監控呀！」但我想問，會不會有可能是自己的安全感不夠，才會對孩子有這麼多擔憂，而需要掌控一切？**或許，我們需要的是先安頓好內心的焦慮與擔憂，並開始信任孩子、適時關心，但別像個跟蹤狂似的緊迫盯人。**

你可以與孩子一同討論報平安的機制。例如，在出門前先和孩子約定好，抵達目的地時，用通訊軟體告知已抵達；返家前也回報一次。報平安的次數與時機，最好由親子共同決定。一方面要合理，一方面要顧及彼此的需求。

若孩子一再隱瞞，你一定會很難過，但這時候要思考的是：「孩子爲什麼要隱瞞？」也許你們之間的信任關係出了問題。**你該做的是積極修補親子關係，而不是**

加強監管。干涉得越多，越可能把孩子的心給推遠，然後也一起把他推進網路世界中了。

知道得更多，並不會比較放心

除此之外，當你瀏覽孩子在社群軟體上的發文、曾逛過的網站、看過的影片，以及與朋友的聊天對話，會意外地發現，孩子有著另一個你根本不認識的面貌，你簡直要崩潰了！

我曾接到不只一位家長的詢問，他們在孩子的通訊軟體中，發現他髒話連篇，或者在孩子遊戲對戰的過程中，聽到他情緒亢奮而爆粗口。他們簡直嚇壞了，不知道該如何是好？也許我們都忘了，當自己年輕時，也會在父母面前一個樣，在同儕面前另一個樣；有時候，也會做一些不太對的勾當，選擇不讓父母知道，當中有很多事情其實也無傷大雅。**有時候你得選擇睜一隻眼，閉一隻眼，告訴自己：這沒什麼，我們也是這樣長大的**。但涉及人身安全或違反法律時，就不能裝作沒看見了。

既然知道，就開誠布公地與孩子討論，避免他們身陷險境。如果你願意從小與孩子共同參與數位及網路活動，並且使溝通管道保持暢通，通常比較能夠有效且深入地探討此議題，及時導正孩子在網路中的言行。

親子關係正在拉警報嗎？

生活在過去時代的父母，沒有太多管道知道孩子出門後的行蹤。眼不見爲淨，不知道就不會想太多。但是，數位時代不一樣，善用科技的父母都知道透過手機或數位裝置就可以輕鬆定位，知道孩子人在哪裡，隨之而來的憂慮也更多。

我希望你去思考的是，**當你急著知道孩子的一舉一動，希望隨時掌握一切時，你們的親子關係，會不會正亮起了紅燈？**正因爲親子關係惡劣，孩子不願意誠實告知自己的行蹤，更不願意分享生活中的大小事，焦慮的父母便需要透過手機或網路來知道更多。當孩子發現自己不被信任、隱私正被窺探，將會使出更大的力道，拒絕與父母保持溝通與交流。

所以，當務之急是改善親子關係，而不是更嚴密的監控。別忘了，3C**網路應該是要促進關係交流，而非阻斷連結**。

9. 不小心看到孩子的網路隱私時，怎麼辦？

有一次，有位家長來與我討論孩子的問題，他說：「上個月，我無意間看到孩子在臉書上的發文內容，眞是令我擔心極了！常常帶有消極、悲觀又負面的字句，有時候還會髒話連篇，具有強烈的攻擊性。我很擔心他，但又不知道怎麼和他談。」

「你的擔心是合理的，這些內容確實不妥，做父母的有必要關心且提醒。」

「可是，我不知道怎麼開口？」

眼前的家長神色有些緊繃，我問：「你擔心什麼呢？」

「我不知道講了他會不會生氣，因爲他是個暴躁易怒的孩子呀！」

發現問題就該直接溝通

我遇過不少家長不太願意直接與孩子討論他們的問題行爲，原因是擔心孩子不高興，因而破壞親子關係，所以請其他人來當說客，像是學校老師、輔導老師、其他親友長輩等。他們會說：「老師，我們說的話，孩子不願意聽，你來說，他比較會聽進去。」

我也常被如此賦予重任，但通常都會拒絕。

第一，如果害怕被討厭，而不願意與孩子直接溝通，那只是在討好孩子，創造一個親子和樂的假象，對他們是沒有幫助的。

第二，無法與孩子直接討論重要的話題，顯示親子溝通遇到瓶頸，請他人代爲傳話，或許能收到暫時的效果，但長期以來，根本問題仍然沒有解決。

先同理，再講理——「你是否遇到困境了？」

回到剛剛的案例，我說：「該說的還是要說喔！你可以告訴他，看到他在臉書上的發文覺得不妥，想和他討論一下，要注意網路上的用語與禮節，避免引發誤會，或者觸犯法律。」

眼前的家長點頭如搗蒜，我繼續說：「更重要的是，這是一個深入了解與協助孩子的契機。我們得想想，為什麼孩子要在網路上寫這樣的文章呢？是要引起注意嗎？要討拍嗎？如果眞的是這樣，孩子是否遇到困難了？是否生活不如意？是否過得不快樂？」

「你可以**把你觀察到的現象當作媒介，去關心孩子內在的感受與經驗**，如果孩子能感受到你們的理解與支持，對於修復親子關係會很有幫助。」

在這個例子裡，**比較好的溝通方式是「先同理，再講理」。父母可以先客觀描述自己的發現，然後關心孩子的現況：**「怎麼了呢？是不是遇到什麼不如意的事情呢？」

聽聽孩子怎麼說，然後給予同理的回應：「原來是被好朋友背叛呀！我想，你一定很受傷也很委屈吧？難怪你會寫出這樣的文字，是想抒發心情吧？」

待孩子的處境能被充分理解後，再開口提醒孩子網路上的禮節與注意事項，這樣，他們會比較願意接受。

即使是有限的隱私，也該被尊重

「嗯！我懂了。可是，我還有個擔心……」這位家長掙扎許久，終於說出口：「那天，我其實是偷偷登入他的帳號，才會知道這麼多的。因爲他的文章都設有權限，我常常看不到，當時實在太好奇了，便用他的帳號密碼登入，沒想到竟有這麼多不爲人知的祕密！」原來，他是瞞著孩子才知道這些的，難怪擔心孩子生氣。

因爲此舉正是侵犯了孩子的隱私權。**當孩子慢慢長大，特別到了青少年期，會相當重視隱私，有許多祕密不想與父母分享，也會要求父母予以尊重**。如果任意打開一位青少年孩子的房門，任意翻查他們的抽屜，或是未經同意就拆閱書信、日記等，孩子肯定會和你翻臉的。想想你年輕的時候，就可以理解了。

問題是，父母就完全不能碰觸孩子的隱私嗎？

孩子越來越大時，他應該被允許擁有更多的隱私空間，但無論如何，都是「有限的隱私」，父母基於保護與照顧孩子的立場，還是有權知道那些祕密。要知道，當你越使出父母的權威，要孩子不能保有自己的祕密，孩子永遠有辦法瞞著你，甚至把你唬得一愣一愣的。

千萬別與孩子鬥法！**比較好的做法是適當地尊重孩子的隱私，如果想知道，應該要先徵得孩子同意，至少，也該先知會一聲**。因爲尊重是營造高品質親子關係的基礎。

年紀小一點的孩子，在網路上的各項設定，常是由家長代勞，因此，你會擁有也保管孩子的帳號密碼。即使如此，在登入前你都應該有個習慣，先知會孩子並讓他知道這麼做的用意是什麼。

你問：「爲什麼這麼麻煩，孩子又不會知道？」這就是最好的機會教育。**你正在示範尊重，而孩子也在學習尊重。允許孩子有與你討論的空間時，他便有機會學習如何有效溝通**。這樣的觀念與做法，在實體世界與網路世界中同樣適用。

侵犯孩子的隱私時，就道歉吧！

回到與這位家長的對話。

「難怪，你會怕孩子生氣，因爲你侵犯到他的隱私了！」

「是呀！所以我很掙扎，到底要不要和他談這件事。」

「如果你覺得這是重要的問題，非談不可，那麼就誠實地告訴孩子，並跟他道歉吧！」

在任何關係中，誠實永遠是上策。無法誠實，就會破壞信任關係；而若因此而陷入關係困境，更要用誠實的態度去修補。他或許可以這麼告訴孩子：「孩子，上個月我因為一時好奇，用你的帳號密碼登入臉書，我為此感到很抱歉，希望你可以原諒我。」

當然，**孩子肯定會生氣的，你不能要孩子不生氣，你要允許他可以生氣。**你能做的，就是同理他的感受：「我知道你感到很氣憤，覺得沒被尊重。同時，你在臉書上的很多祕密都被我看到了。你或許也會擔心，會不會被我罵、被我指責。我確實有點擔心……」在真誠道歉後，再開始與孩子討論網路內容的適切性。

請讓孩子知道，你是想幫助他，而不是要指責他。

10. 拿3C網路的娛樂使用時間，做爲孩子表現的獎懲物，可行嗎？

在一次的親職教育講座中，被家長問到關於網路及手機使用控管的問題。我反問家長：「平常是怎麼做的呢？」

「我從小就跟孩子說，只要把功課寫好、讀書搞定、該做的事有做到，你們要怎麼玩手機、用網路，我都不會管！」家長這麼說道，接著無奈地搖搖頭：「可是，他們就是做不到。上了國中，還變本加厲，更無法控制地沉迷在手遊裡，怎麼辦才好？」

我試著重述他的做法，說：「換句話說，你是透過開放手機娛樂時間，做爲孩子生活表現的獎勵囉？」家長點點頭。

我轉頭詢問在場聽衆，平時是這麼做的，請舉手。超過半數以上的家長舉手。

我們常誤以爲，既然孩子喜歡上網，就以此做爲讓孩子好好念書或完成任務的誘因；但如果成績退步或表現欠佳，就剝奪孩子的網路娛樂使用時間。就我的觀察，這麼做的結果，成功的少，失敗收場的多！

網路使用與課業表現，一碼歸一碼

網路歸網路，其他表現歸其他表現，一碼歸一碼。網路使用規範一旦訂定，就不宜更動，必須堅定執行。如果講好的事可以任意更動，規範還有什麼意義？

說好開放給孩子可以自由支配的網路使用時間，是孩子的權利，也是孩子的義務。孩子需要遵守，但也不能被任意剝奪，親子之間需要互相尊重。如果孩子表現不好，課業退步，**他需要付出的代價是與該行爲表現有關的自然後果**（例如：不吃飯就餓肚子；功課沒寫完，就得額外花時間補完），**而非另外加諸的懲罰；更忌諱父母在怒氣沖沖下，脫口而出的懲處措施。**

若要**剝奪孩子的網路使用時間，只有一種狀況，就是孩子在網路使用這件事情上無法自我控制，上得去但時常下不來。**這時，父母可以用「明天停止使用網路一天」

或「接下來一個月，每天減少上網時間十分鐘」這樣的措施，做爲孩子違反規定需付出的代價。

但無論如何，這些都需要**事先與孩子討論並約定好**，而遇到了也必須確實執行。

小心！獎懲無效反被勒索

反過來，如果孩子表現良好，如功課進步、比賽得名，便開放孩子更多網路娛樂的使用時間，甚至完全不限制時間，很可能導致孩子反過來告訴你：「如果你不讓我繼續上網，我就不讀書，就擺爛！」於是，你反而被勒索了！

這就是把網路使用權力和課業學習表現掛勾，帶來的最大風險。

那麼，當你被孩子用擺爛來勒索更多３Ｃ網路使用的時間時，該怎麼辦呢？請溫柔而堅定地表達理解，並重申立場。你可以與孩子有如下對話：

孩子：「哼！不給我上網，我就再也不要念書了！」

父母：「我看到你很生氣，因爲我們限制你的上網時間，是嗎？」

孩子：「不管啦！反正我要放給他爛，除非你給我手機和網路！」

父母：「我知道你很想要使用網路。好的，當初答應你每天使用多少時間，這是你的權利，我們不會拿走，但也不會再多，因為這是當初講好的！」

孩子：「可是不夠呀！」

父母：「我知道你很失望。但沒辦法，說好的事情我們得一起遵守。」

孩子：「可惡！我不想念書了啦！」

父母：「我猜，你會這麼說，一方面是生氣我們不開放更多的時間給你上網；另一方面，是在課業學習上你感到很挫折或沒有成就感，你覺得自己讀不來是嗎？」

孩子：「對呀！我就不是念書的料呀！」

父母：「這樣呀！難怪你會覺得挫折呀！謝謝你願意告訴我你的心聲。我相信，你也希望有好的成績表現吧？我想知道，目前在學習上遇到什麼困難了呢？」

從上述對話可知，在重申原則後，除了表達對孩子期待擁有更多網路使用時間的理解，轉而關心孩子在課業學習上的挫敗與無力，這才是孩子需要被理解與被協助的地方。

最好的獎賞，是讓孩子感覺到被重視

「如果你做到……我就給你……」這種條件交換式的獎賞，是許多父母爲了激勵孩子表現得更好而慣用的手段。這或許會帶來短期的效果，但長期而言，如果會奏效，通常不是來自那些物質獎賞或娛樂刺激本身，而是**在孩子接收到獎賞的同時，大人的言語肯定以及讚賞的眼神，也就是讓孩子感受到自己被接納與被重視**。父母基於事實的肯定話語、欣賞眼神及溫暖陪伴，是激發孩子正向成長的動力來源，也能幫助孩子長出越挫越勇的心理韌性。當孩子在學習上或生活各方面有好表現，成就感油然而生，就會轉化爲內在動力，自我激勵追求更爲卓越的表現。

11. 孩子說要拿數位裝置寫作業、查資料、交報告，如何管理？

3C網路是工具，而不是玩具。因此，當孩子在學習上有需要用到數位裝置來寫作業、查資料或交報告，都是可以被允許的，而且應該被鼓勵。

現在有很多教師將大量的教學資源建置在網路雲端，也會要求孩子透過數位載具下載、研讀或撰寫作業。另外，有不少作業或報告也都要求用數位形式呈現，例如製作簡報、拍攝微電影或撰寫程式等。孩子會需要透過電腦及網路在線上學習、與同學討論交流，並操作應用程式以完成作業。

學習與娛樂用途的時間要分開

先不論這麼做的教育成效，但身處數位時代是必然的，你再不喜歡也得接受。

當孩子把數位科技當工具，我們當然沒理由反對，更不可以把這段使用網路的時間，與孩子每天的網路娛樂使用時間，混爲一談。也就是，單純娛樂的時間要嚴格控管、逐步開放，但因學習而使用網路的時間，則視孩子的實際需要提供。**年紀小一點的孩子，你需要與他共同參與，陪著他或指導他操作數位工具；大一點的孩子，有可能整天都在線上工作，你只需要提醒孩子記得休息一下即可。**

然而，令很多家長頭痛的是，如果眞的在寫作業就算了，問題是，孩子連上網後，根本沒花時間在正經事上，倒是偷偷瀏覽別的內容，像是上 YouTube 看影片、滑臉書、ＩＧ或線上遊戲等。如果是這樣，當然要提醒、制止並與孩子好好討論囉！

二〇二〇年，與海外的家長有一場線上講座，才知道國外因爲疫情嚴峻的關係，孩子無法出門上學，家人之間長時間相處難免有摩擦，相當辛苦。其中，有位家長問到，女兒在電腦前遠端學習時，偶而會偷偷連線去其他網站，沒有專心在課堂上，該怎麼與孩子討論這件事呢？

當時國內的疫情相對穩定。孰料，二〇二一年五月國內疫情大爆發，全國進入三級警戒狀態。學校停課不停學，孩子在家透過遠端視訊上課，許多家長也觀察到孩子

「一心多用」的現象。

用正向聚焦與孩子討論遠端課程的分心問題

說眞的，誰能在3C誘惑當前又不分心呢？

我們得先理解，孩子在遠端連線的課程中會分心是正常的。過去一年，我也買了許多線上課程，也常常一心多用地邊上課邊做別的事。當然，該要求的事還是得要求。我建議他可以用「正向聚焦」來介入這個問題行爲，該怎麼做呢？

共有六個步驟，分別是「找對時機」「客觀描述」「負責任的情緒表達」「正向解讀」「關注亮點」及「師法過去」，這是正向聚焦回應技巧的應用，也可以用在與孩子討論其他問題行爲上。

首先，找個適當的時機與孩子開啟討論，詢問孩子：「孩子，我可以和你聊聊嗎？」若孩子點頭答應再進入話題，而非不看時機，強迫孩子討論。

接著，客觀地說出你對孩子行爲的觀察，你會說：「最近，我有幾次觀察到你在線上學習時，會分心去逛其他網站或者觀看影片。我們之前有約定，上課時要專注，不能瀏覽其他網頁或做別的事，你還記得吧？」除了客觀描述事件外，還重申當初約定好的規範。

「這令我有些擔心，我希望你可以在上課時保持專注。」這句話是表達感受與期待。請注意，表達感受時，你應該已經先處理好自己的情緒了，而不是在憤怒之下，對孩子施予語言暴力或情緒勒索。

接下來是很重要的步驟，找出孩子問題行爲背後的正向意圖。可以想想，當需要專注時會分心，這當中有什麼可能的原因？而分心瀏覽其他網頁，又會爲孩子帶來什麼好處呢？你可以說：「我知道上課會感到枯燥乏味，難免想要去看其他網頁。其實你也不想分心，而是在排解無聊，是嗎？」試著把「排解無聊」這項正向意圖說出來。

當孩子被理解時，比較會卸下抗拒，願意與父母繼續互動。「同時我也發現，你不是每次都是這樣子的。很多時候，你可以整堂課都全神貫注，沒有分心做其他事。我知道，你很努力控制自己不要分心，我有看到你的努力，這很不簡單呀！」這句話是在關注孩子的亮點，找到過去「有做到且做得到」的時刻，背後原理是「行爲不會一成不變」，孩子不會一直分心，也不會每次都分心得那麼嚴重。

最後，引導孩子借鏡過去成功經驗，用來解決目前遇到的困境：「**我很好奇當時你是怎麼做到長時間不分心的？如何自我控制的呢？你願意想一想並和我分享嗎？**」

正向介入並非棄守規範

再次歸納，以正向聚焦的方式與孩子討論問題行為，共有六個步驟：

（一）**找對時機**：在雙方都心平氣和的時候討論，而非在氣頭上，或孩子不方便的時間。

（二）**客觀描述**：不誇大事實也不迴避問題，忠實描述自己所觀察到的。

（三）**負責任的情緒表達**：在充分安頓好自身情緒後，表達自己的感受。

（四）**正向解讀**：說出孩子分心行為背後的可能正向意圖，表達對孩子困境的理解。

（五）**關注亮點**：找到過去那些「有做到、做得到」或「沒做到，但沒那麼糟」的時刻，肯定孩子當時的努力。

（六）**師法過去：**從過去成功經驗中找到解決問題的資源。

你知道，即使正向介入，也絕對不是棄守規範，只看孩子好的，無視孩子的犯錯。反之，我們更要和孩子事先做好約定，並讓他們知道遵守規範能獲得什麼，違反規範則要承擔什麼後果。

12. 如何陪伴孩子認識與探索數位世界？

前面提到，網路世界即使誘惑重重，又存在著成癮的風險，但我們也不能視3C網路爲毒蛇猛獸；一輩子禁絕孩子接觸絕非上策。比較好的做法是陪伴孩子認識與探索數位世界，把數位科技與內容當作素材，一方面引導孩子正確使用，另一方面增進親子之間的互動關係。實際操作時，只要把握以下兩個原則即可：

第一，數位科技是工具，而不是玩具。

第二，數位科技要能促進人際連結，而非阻斷人際連結。

共同參與，絕非你滑你的，我看我的

年紀越小的孩子，越需要在大人的引導與監管下使用3C網路。不是怕孩子不會操作手機或平板，而是擔心孩子接觸到不適齡的網路內容，以及不正確的網路資訊。

更重要的是，**親子共同參與網路使用，能促進親子之間的關係連結**。原因無他，**可以創造「共同話題」**。**對學齡前的孩子而言，共同話題代表著親子間有對話的機會**。

大量且高品質的對話會刺激孩子的語言發展，連帶影響日後認知及人際關係能力的成長。家長可以與孩子共同觀賞一部動畫後，一起聊聊裡面的角色和劇情，交換彼此的想法與心得。

對大一點的孩子而言，共同話題是讓親子關係持續保溫的媒介。孩子越長越大，越會發展出自己的喜好，往往與大人南轅北轍，缺乏共同討論的話題，關係便漸行漸遠。而網路提供了老少咸宜的大量素材，讓親子之間可以就此創造共鳴。例如，有些父母會與孩子一同玩對戰手遊，分享與討論破關祕訣，當一起完成任務時，會產生同仇敵愾的親密感，例如前一陣子精靈寶可夢遊戲正夯，假日時常見公園裡全家出動，一同抓寶。只要時間不要過量，不排擠其他生活任務，這樣的共同參與是可以讓親子關係持續加溫的。

要注意的是，**共同參與的意思絕非在同一個時間，家人一起滑手機，但你玩你的手遊，我滑我的臉書，彼此沒有交流與對話**。如果是這樣，手機網路其實是在阻斷連結而非促進連結。

我相當推薦家長去閱讀由心理學家葉壯所著的《今天開始，陪孩子打電玩》，書中談到以「親子共遊」做爲電玩遊戲的管理解決方案。當父母是孩子網路遊戲中的「玩伴」時，最能有效引導孩子做好網路使用的自我管理，更能進一步從電玩遊戲中激發孩子的各種潛能。

引導孩子透過網路資源解決真實問題

既然，數位科技是工具，而不是玩具，那麼，**3C網路就應該用來幫助人們解決生活中實際發生的問題**。家長不妨從這個角度，來引導孩子適切使用網路資源。例如，以往全家出遊都是由大人規畫，決定地點、路線等細節。這一次不妨給孩子一個任務，讓他規畫一次家庭旅行。先給孩子一些條件與指引，例如玩幾天、預算多少、每個家庭成員的喜好等，然後請孩子上網找資料，規畫行程、路線、交通、住宿、花費等細節。這過程中你可以帶著孩子查找資料，像是閱讀旅遊達人的部落格、查閱車班時刻、觀賞景點介紹短片、閱讀地圖、查閱價目等。孩子需要綜合分析這些資訊，考量實際狀況與家人期待，學習取捨與協商。當完成時，可以請孩子製作一份簡報，發表給大人聽。這便是在訓練孩子蒐集資訊、分析資訊與運用資訊的能力，同時也擴展孩子的視野，把網路做爲認識大千世界的管道。這個做法，相當符合新課綱素養導向的學習精神，以終爲始，由解決問題出發，做中學、學中做，最後完成任務。

再舉一個例子，孩子第一次搭乘捷運，看到捷運路線圖四通八達。你可以問孩子：「爲什麼一個城市的捷運路線要如此設計呢？可以怎麼設計會更好？」引發孩子的好奇心。接著，引導孩子上網去找資料，包括捷運系統設計的相關論述、城市人口分布的數據資料、各站離峰與尖峰時刻的旅運流量等，進而提出一套改良方案。這個過程便是在培養孩子探究的能力。

我曾聽說，有位父親想在結婚紀念日時，給太太一個驚喜。在半年前，就與孩子們一同密謀一項計畫。父親找出所有與太太過去相處的生活照片並交給孩子，要孩子分類整理，再加上各種影音素材，最後產出一部賺人熱淚的影片。

我不禁佩服這位父親的巧思，相信這項任務，不但能讓孩子更熟稔網路使用，還能爲全家創造美好的回憶，眞是一舉數得！**生活中，遇到各種難題都可以鼓勵孩子上**

網去找解方，如此一來孩子便會知道網路科技是帶來人類便利與解決問題的工具，而不只是打發時間的玩具。

鼓勵孩子在網路上表達自我

許多孩子都會上社群網站，其中以臉書及ＩＧ爲大宗。社群平臺提供了每個人表達自我的機會，那麼你會選擇放哪些內容上去呢？我們可以鼓勵孩子，把自己的喜好或作品放上網路平臺。例如孩子若喜歡寫作，可以幫孩子開一個部落格，把作品放上去然後轉貼到臉書上；若孩子喜歡攝影或拍片，可以讓孩子定期上傳作品到臉書、ＩＧ或 YouTube 上，並寫下自己的創作理念。

在社群平臺上，當作品量夠多，品質也夠好時，除了吸引粉絲認同外，也會有機會與高手過招、切磋琢磨，於是有了精益求精的機會。

我們處在一個自媒體當道的時代，孩子很需要懂得如何自我行銷，社群平臺提供了舞臺，我們則需要鼓勵孩子善用，透過語言、文字、影像說故事，爲某些議題發聲，甚至發揮影響力。

一直以來，**善於表達的人總是比較吃香**，當我們引導孩子這麼做時，就已經在爲他們的生涯發展做準備了！

13. 當孩子說：「你們都能滑手機，爲什麼我不行？」該如何回應？

你是一個懂得規範孩子手機網路使用時間的家長，從小逐步漸進地開放孩子在娛樂用途上的手機使用時間；你始終溫和而堅定地堅持著，孩子也算配合。

但最近遇到一個困擾。當孩子使用手機的時間到了，他向你抱怨：「爲什麼你們都能滑手機，而我不行？」你看看四周，另一半在滑手機，爺爺奶奶用平板在追劇，你手上也拿著一隻，準備等會繼續滑。

一時之間，你語塞，不知如何回應。通常，你會怎麼說呢？

「我們是大人，你是小孩，小孩本來就不能一直滑手機，別吵了！」

「你滑手機是在玩，大人滑手機是在做正事，本來就不能相提並論！」

「我說不行就不行，哪來這麼多意見？」

「等你長大了，愛滑多久，我都不會管你，但現在就是不行！」

「好！那麼我們都收起來，不要用網路了！」

「因為你還小……」很難讓孩子心服口服

孩子這樣的抱怨，你一定不陌生。

我指的不是孩子常這樣說，而是在你小的時候，也曾向父母如此抗議過。只不過當時沒有手機，你會說的是：「爲什麼你們都可以看電視，我不行？」「看電視」可以換成看小說、看漫畫、吃零食、打電動等任何大人不希望我們接觸的事物。大人會說：「因爲你還小！」「因爲怕你近視！」「因爲你要念書，看電視會耽誤課業！」「等你長大就能看了！」這些理由，是否能說服你？還是你覺得這些都只是大人拿來打發孩子別再吵鬧的話術罷了？

我始終認爲，大人不准孩子做的事，表示那是不好的，大人自己也不該去做。但是大人卻總是有兩套標準：對孩子嚴格，對自己寬鬆。像是，常爆粗口的大人卻不准孩子罵髒話；吃東西不懂節制的大人卻禁止孩子吃零食；沒有運動習慣的大人卻要孩子別整天坐著不動；沒有閱讀習慣的大人卻要孩子好好用功念書；花錢如流水的大人卻要孩子懂得節儉；脾氣暴躁的大人卻要孩子不准生氣；老菸槍的大人卻要孩子不准碰菸……這不是雙重標準，什麼才是？

如果一句「因爲你還小……」就能讓孩子聽話照做，那麼孩子其實是因爲怕你才聽話，而不是眞的明白爲什麼要這麼做。

大人怎麼要求，自己就怎麼做

回到一開頭的問題，在五個回應話語中，前四個其實都只是在表達一件事：「別吵了，我說的算！」用權威來要求孩子聽話，而不是以理服人。

最理想的回應方式，是第五個：「好！那麼我們都收起來，不要用網路了！」意思是我們願意以身作則！當大家都不使用3C網路，孩子身邊也不會充斥著誘惑，滿腦子都想著上網。

然而要做到這點眞的不容易，要全家人一起配合。所以，**最好的做法就是全家人有個共識，每天幾點到幾點，大家都將3C產品關閉，創造一個零3C干擾的家庭時**

段。這樣孩子才會眞的死了這條心。

你會問：「可是，我眞的有需要上網呀！」

我知道，大人常因爲工作或聯繫需要，而必須使用3C網路。如果非得如此，得**先向孩子說明清楚，你使用3C網路的原因**是爲了工作上的需要，而非娛樂用途，一旦工作結束就會立即關閉。就好像我們會允許孩子在學習用途上使用3C網路，但結束了，就得立即下線。

當然，如果還是很難做到，就請盡量別在孩子看得見的地方使用3C網路。

手足之間的計較

另一個常見的問題是，當家裡有不只一位孩子時，因爲不同年齡階段，開放給孩子的網路娛樂使用時間也不同，年紀大一點的孩子可以上網比較久，小一點的孩子上網時間比較短。

這時，小的孩子常會感到不公平而抱怨：「爲什麼哥哥／姊姊可以玩這麼久，而我現在就得下線？」

你只要保持溫和而堅定，這麼告訴孩子：「我知道你還想繼續上網。不過，你的上網時間就是這麼多！而哥哥／姊姊在你這個年紀時，也只能上網這麼久。等你到了哥哥／姊姊的年紀時，也可以擁有和他們一樣長的上網時間喔！」

只要有清楚的規則，且嚴格執行，孩子即使有時會抱怨，長久下來，仍然會願意配合的。

Lesson 3

正向聚焦因應網路成癮的教養策略

1. 孩子迷的不是網，而是那備受關注的假象

有一次與一位學校老師討論一個孩子的問題。那孩子因徹夜在家玩線上遊戲，白天昏睡無法到校，漸漸與學校生活脫節，已經中輟在家好一陣子了。

「我真的不明白，那線上遊戲到底有多好玩，可以讓一個孩子廢寢忘食，簡直走火入魔？」

「你知道他玩的是哪一款線上遊戲嗎？」

「不知道，聽同學說，好像是什麼『英雄聯盟』吧！」

孩子口中常說的「打ＬＯＬ」，指的就是玩英雄聯盟。這款網路遊戲已經紅了好多年，國內外都相當盛行，愛好者不可計數，也有許多國際級的電競比賽。我問：

「你知道那個遊戲怎麼玩嗎？」

「我不知道，但聽起來就是打打殺殺，不嫌煩嗎？」

致命吸引力——網路遊戲到底哪裡好玩？

許多大人都有類似的疑惑，線上遊戲究竟有什麼魅力，能讓一個好好的孩子，無法克制地把心思全花在上面？「如果讀書有這麼認眞就好了！」然而，你若認眞了解就會知道，網路遊戲的設計者，是花了大把心思，處心積慮要你接觸後就再也下不來，至少會魂牽夢縈，整天想著再上線報到。

通常一個人會無可自拔地沉迷在某個活動中，當中一定同時存在著「拉力」與「推力」，缺一不可。在網路沉迷這個議題上，網路遊戲的吸引力本身就是拉力，把玩家不斷往裡頭拉，因爲吸引力太強了，要對抗那股拉力著實不易。

我的好朋友歐陽立中老師，曾經在臉書上寫過一篇文章❶，敘說他親身體驗過網路遊戲「傳說對決」的致命魅力，並分析該款遊戲令人著迷的五個機制，包括：

（一）**目標明確**：遊戲早已幫你設定好各種目標，像是破關、打怪、奪寶、積

❶ 歐陽立中臉書〈【個體崛起8】再見傳說，哥得成為傳說（上）〉

分、升等……一開始通常不會很難，但也會有一點挑戰性；當目標達成時，你將會充滿成就感，想著繼續挑戰下一個目標。

（二）**回饋立即：**在眞實的人生中，也許你努力了好久，都不會看到成果。但在遊戲世界裡，完成任務立刻得到獎賞，甚至有時候給你來個意外驚喜（稱爲「間歇性增強」），徹底瓦解你的自制力。

（三）**升級可見：**不論是排名、積分、戰況，你的表現一覽無遺，透過暴露在這些可見的提示中，你的內心始終熱血沸騰。

（四）**鋪陳懸念：**大部分的遊戲設計，都會結合奇幻故事，甚至是知名動畫或歷史事件改編，你不覺得自己是在玩遊戲，而是投身一場華麗的探險中。劇中有各類英雄豪傑做爲主角，讓你想像自己過關斬將、降妖除魔。一開始讓你免費玩，當你與熱愛的角色人物難分難捨時，就要你付費購買裝備，或更多的升級資源。

（五）**定時赴約：**如果你每天都上線報到，遊戲就會給你獎賞，像是裝備、金幣、積分、升級等。爲了拿到想要的獎賞，你每天定時登入。一旦上線，沒大戰個三小時，大概下不來。

看起來，遊戲設計者只要依照這幾個原理，就可以讓許多玩家難以招架其魅力，越陷越深。另外，在一些強調團隊作戰的遊戲裡，如前面所說的「英雄聯盟」，你得與戰友約好每天上線的時間去闖關。這時候哪管什麼考試還是作業，當然是戰友間的承諾重要！如果剛好在現實生活中過得不如意，便能在連線時感受同仇敵慨的歸屬感。

當然，每個人偏好的遊戲類型不同，根據「Social Lab社群實驗室」網站的分析❷，二〇二〇年網路社群討論度最大的人氣手遊，屬「多人戰鬥競技類型」居冠，「傳說對決」「英雄聯盟」等就屬於這一類；另外如「神魔之塔」的轉珠遊戲、「鬼滅之刃」的動作類遊戲、「灌籃高手」的體育類遊戲、「跑跑卡丁車」的競速類遊戲等，也相當受歡迎。

除了一些歷久不衰的網路遊戲外，每年都有多款新的網路遊戲上市，孩子們若追

❷〈最夯手遊排行榜出爐！十大類型你玩過幾種？〉

著流行跑，幾乎每個月都有新的遊戲可以玩。大人很難有時間一一了解每款遊戲，但若能稍微知曉遊戲設計背後讓人愛不釋手的原理，對於陪伴孩子面對遊戲成癮風險，多少會有些幫助。

空虛、寂寞、覺得冷——是孩子遇到困難了！

即使網路遊戲設計者再怎麼處心積慮要你欲罷不能，但仍有許多遊戲玩家能夠妥善分配上網與生活的時間，就算花費很多時間在遊戲中，也不至於排擠其他生活任務。同樣地，許多孩子都接觸過手遊，也爲此深深著迷，但大部分的孩子一旦時間到就可以下線，只有少部分會嚴重地沉迷其中、生活失序。

那麼，眞正的問題在哪裡？接下來要談的就是網路成癮的「推力」，是什麼把孩子推入網路世界中呢？

我想起幾年前曾經接觸過的一位高中生伯均，他被學校老師轉介來談。他的問題是嚴重沉迷網路遊戲導致課業一落千丈、人際疏離，來學校時總是蓬頭垢面、無精打采，漸漸在班上成了邊緣人。這是許多網路成癮傾向的孩子，常見的生活樣貌。

大概是徹夜上網，這孩子的面容憔悴、雙眼無神、呵欠頻頻。但談到網路遊戲時，伯均突然有了精神，眼裡發亮：「老師，你知道『英雄聯盟』嗎？」

「我沒聽過耶……」當時我對網路遊戲一無所知，但我很願意了解，他便滔滔不絕地向我介紹這款遊戲的玩法與特色。伯均與他的戰友現在每日定時上線練功，有一天要組隊進軍電競賽事。

「哇！有這麼好玩呀！」

「眞的，這個遊戲很有意義，大人根本不懂，都以爲我在浪費時間！」這孩子有些激動：「有一天，我會證明給他們看的！」

「你想證明給誰看？」我問。

「一方面是給同學看吧！」

「怎麼說呢？」

「說實話，我在班上人緣不好，他們不喜歡我，常常唱衰我。沒關係，等我有一天成功了，要他們對我另眼相看。」

聽學校老師說，伯均在學校裡幾乎獨來獨往，沒什麼朋友。體育課時，男生常聚集在一起打籃球，伯均則在一旁坐著，不太參與。

「伯均，你說同學不喜歡你，這樣的情形多久了？」

「大概是從上高中起吧！班上有些同學老愛說我壞話，慢慢地就刻意孤立我。」

「你在意嗎？」

「哼！我不在意！反正，我在英雄聯盟裡有一群好朋友，他們才是眞心在乎我的人，我才不需要班上同學喜歡我呢！」

「伯均，父母是如何看待你呢？」我引導他談談家裡的概況，伯均顯得有些落寞，說：「算了！我不管怎麼做，他們都不會滿意！前幾天才爲功課的事情和他們大吵一架。爲什麼他們都只在乎我的課業呢？」他顯得有些激動：「我知道我現在的成績不好，但以前我都是班上前五名的。可是，不管我再怎麼用功、考得再好，他們都不願意肯定我，還說我和誰誰誰比起來差多了！我眞不知道這麼努力念書有什麼意義？」

「上了高中，功課越來越難，有些部分我開始聽不太懂，高一上學期勉強撐過去，漸漸地，成績逐步下滑。每天回到家就是被念，說我不夠認眞，但我明明已經盡力了！」

我點點頭，看著伯均說：「所以，現在你也不想在課業上下功夫了，轉而將心思投入網路遊戲中，反而來得更有成就感！」

「沒錯！我只有在打遊戲時，才能眞正感受到滿足。我聽不到爸媽對我無止盡的碎碎唸，也不用在乎同學的眼光！」

「原來如此！我可以理解，網路遊戲似乎成了你生活裡的避風港了，是嗎？」

這孩子低下頭，神色沮喪：「可是，我現在上網的時間被限制，只有週末才能上線，我眞不知道還能怎麼辦了！」

在一個人成長的過程中，有兩個心理需求特別重要，分別是自我價值感和歸屬感。前者是感受到自己是重要的、優秀的、有成就的、被肯定、被重視的；而後者，則是感受到自己與周遭的人，有著正向的情感連結，感覺到被接納、被理解、被信任與被喜愛。

伯均的老師說，他自從沉迷於「英雄聯盟」後，便從同儕中退縮疏離，與家人的關係劍拔弩張，功課也一落千丈。然而，我觀察到的是這孩子在埋首網路世界前，早就感受到不被同儕喜愛、不受父母肯定、課業學習遇到瓶頸，生活中缺乏其他成就感的來源。

在現實生活中難以被滿足的心理渴求，全在網路世界裡被填補，甚至獲得了療癒。於是，大人著急地在外頭呼喊著：「快出來，網路世界很危險！」孩子則陷在裡頭回應著：「不要！外面的世界才恐怖！」

長期沉迷網路帶來各種副作用，包括人際疏離、課業落後、親子對立、生活失序，以及身體健康亮紅燈等，讓原本的處境更是雪上加霜，孩子便只情願繼續待在網路中取暖。

一般而言，常見的網路成癮形式，包括遊戲成癮、網路性成癮，以及社群成癮等三種。不論何種，我們都可以這樣看待：**一個人在生活中遭逢嚴重困境時，透過大量上網來獲得現實生活中難以被滿足的心理需求——包括自我價値感及歸屬感**。於是，孩子的網路沉迷行爲，應該被看成一種「呼救訊號」。不當使用網路的行爲本身當然需要被導正，但孩子現實生活中的困境，以及那些空洞、匱乏、無力或混亂的心理狀態，才是眞正需要被關注的焦點。

誰是網路成癮的高危險群？

你不可能一輩子不給孩子接觸手機或網路，只要有機會連上網，孩子便暴露在網癮險境之中。從預防的角度來看，父母或師長最想問的是：當孩子遇到什麼問題時，網路成癮的風險會提高？

澳洲頂尖網路安全顧問中心主任蘇珊·麥可林在其著作《網路失控：情色勒索、網路霸凌、遊戲成癮無所不在！孩子的安全誰來顧？》中具體指出，以下特質或處境的孩子，會是網路成癮的高危險群：

（一）焦慮的孩子

（二）憂鬱的孩子

（三）診斷爲ＡＤＨＤ的孩子

（四）亞斯伯格症或泛自閉症的孩子

（五）欠缺社會支持的孩子

（六）「不開心」的青少年

（七）感到無聊的孩子

（八）行動不便，有肢體障礙的孩子

（九）孤單的孩子或在現實生活中只有少數朋友的孩子

（十）有壓力的孩子

（十一）因爲不守規範而難以融入群體的孩子

前面提到的高中生伯均，就屬「欠缺社會支持的孩子」「不開心的青少年」「孤單的孩子」「有壓力的孩子」，同時，來自家庭父母的正向支持度也不夠，甚至親子之間的對立衝突，更加深了這孩子的孤獨與無力感。

國內學者王智弘教授長期致力於探究網路成癮的成因與治療，他在二〇一六年的研究中指出，造成網路成癮的十大危險因子包括：社交焦慮、憂鬱、無聊感、低自尊、神經質、課業挫折、家庭功能不佳、缺乏社會支持、敵意、衝動控制不良等，如果孩子的身心狀態符合上述任何一項，就值得師長關注是否衍生出網路成癮的問題。

國內外學者的看法其實是相當一致的。但這裡要強調的是，上述指標與網路成癮風險的對應關係都不是絕對的。因此，不代表符合上列任何特質就一定會出現網路成癮，家長或老師不宜過度解讀，也不需要因爲一點風吹草動就過度焦慮，對孩子的網路使用施以嚴格控管，這往往只是治標不治本。

2. 謝天謝地！是網路把孩子接住了！

當生活壓力很大時，你會怎麼幫助自己呢？

心理學家告訴我們可以透過運動、冥想、正向思考、閱讀、接觸大自然、找人訴說或投入創作性活動等方式來紓壓，這些調節情緒的管道是健康有益的；如果遇到巨大難解的困境，該求助心理專業人員的幫忙。然而，我們通常不會這樣做。

我有一位朋友和我一樣從事心理助人工作，也常到各地向大眾分享心理健康及情緒管理等議題。有一次，我們聊起彼此的現況，他向我抱怨最近工作繁重，家庭問題也很大，常與另一半起口角，回到家總覺得處在低氣壓中。我好奇地問：

「你是如何幫助自己排解壓力呢？」

「我就把工作排得滿滿的，忙到沒時間回家啦！」

「這樣太太會更跳腳吧？」

「對呀！也不能不回家。所以回家後，我就躲在房間裡打電動！」

「啊！眞的假的？」我感到很訝異。

「眞的！打一場槍戰很紓壓的！」他笑著對我說。

而我想起的則是在演講或課程中，不少學員向我抱怨另一半沉迷於打電動，不幫忙家務與管教孩子。這些聲音猶言在耳，我覺得有些哭笑不得。

當上網成為忘憂解愁的有效途徑時

當你在現實生活中遭遇挫敗，有著焦慮、憂鬱等難以排解的情緒，透過長時間的上網可以消解心頭的煩悶；然而，過度上網卻帶來更多的煩躁不安，而需要透過一再上網來抑制那些壞心情，於是形成了惡性循環。

一方面，上網行爲成了忘憂解愁的有效途徑，行爲一旦出現效果，就會被保留下來，人們便持續透過上網來因應生活困境帶來的煩悶；另一方面，長時間上網造成的後遺症，包括更多的不安與焦慮，以及對生活要務及人際關係的排擠效應，令人感到更沮喪、壓力更大，而繼續透過沉溺於網路世界獲得暫時解脫。

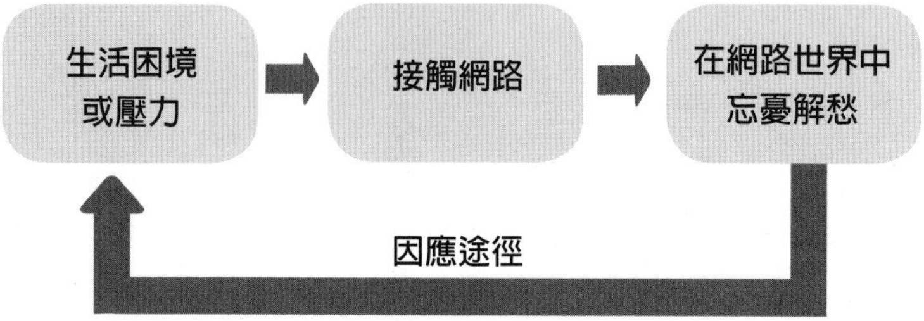

其實，我們可以把「上網」置換成生活中那些常見且吸引人的活動。像是飲酒、賭博、購物、熬夜、吃垃圾食物、追劇等。對大多數的人而言，做這些事情都具有紓壓效果，只要不要過量就好。然而，一旦到了過度並無法控制的程度，且侷限性地只使用單一方式因應壓力，並開始對身心及生活造成傷害，就得思考做些調整了。

這樣說起來，我們每個人，或多或少都有一些類似成癮的行徑，只是沒有那麼嚴重，並且仍在可控的範圍裡罷了！而身處數位時代的孩子，接觸到網路及電子產品是如此容易，這當中的數位內容又精采萬分，很容易就成了孩子因應生活壓力的唯一途徑。

問題是，當我們把孩子的網路給移除、沒收手機，孩子的生活困境依然存在，每天仍處在空虛及苦悶中……此刻，孩子能怎麼辦呢？

生活缺乏可支配感，手機網路趁虛而入

「無聊感」是網路成癮的危險因子之一。我覺得「無聊」這個問題，在現今社會特別嚴重。你一定常聽孩子喊著無聊，不只孩子，連大人也常感到無聊。然而，明明忙都忙死了，怎麼有時間無聊呢？

問題就在現代人生活中有著忙不完的事情，整天像陀螺般轉呀轉，而這些事往往是由他人安排，被迫進行的，於是你會時常處在一種缺乏可支配感的狀態中，**這種「工作行程只能任憑他人安排」的無能爲力感，特別會引發無聊感**。當有了片刻的喘息時光，突然不知道要做什麼。明明已經很累了，做A不有趣，做B太花時間，做C則是太麻煩，又沒人告訴你如何度過那短暫且珍貴的空白時刻，內心的空虛與焦慮指數大幅提升，而吸睛又有趣的數位內容，正是填補人們生活片刻空白，與安撫焦慮的最佳良藥。

這時，看一部好笑的影片、打一場線上手遊、瀏覽幾則社群訊息，花不了多少時間，但卻能立即讓我們從空虛無聊中解脫。於是，你讓自己處在大腦忙碌的狀態中，

事實上卻得不到充分的休息；你的神經系統始終亢奮不已，但你卻無法放下手機或從電子裝置中抽離。同樣的問題，孩子爲什麼一閒下來就滑手機呢？

當孩子的生活中，缺乏對自己生活大小事的可支配空間，特別是在時間安排方面，一天二十四小時除了睡覺之外，就是按表操課，上學、放學、補習、安親班、才藝班、溫書，還有無止盡的測驗卷、作業與報告要寫。一旦有了空閒時刻，當然不知道要做什麼，唯一想要的，就是找回人生主導權。

哪怕只是十分鐘、半個小時也好，也要設法支配自己的生活。於是，滑開手機、點開遊戲、連上臉書、IG、追個 YouTube 頻道，只要上線，想馳騁到哪裡沒人會管。在網路世界中，孩子感到自由；也只有在網路世界中，他們才會覺得人生擁有可支配感。**久而久之，滑手機與上網成了人們打發時間的最佳途徑，明知道可以做些更健康的休閒活動，卻要埋首於網路世界，因爲能最快速地填補內心的空洞，找回人生主導權**。

於是，我常在青少年群聚的籃球場上看到這樣的場景：一群孩子在球場上廝殺，還沒有上場的則在場邊盯著手機螢幕，人手一機，眼神專注，神情激動。當然，大人也沒好到哪裡，一群朋友齊聚喝下午茶，聊沒幾句就紛紛拿起手機，沉浸在手中的小方框中，還不時發出笑聲。

然而，滑手機、上網，有讓人感覺更充實嗎？

答案是沒有！反而，是更多的空洞、無聊，甚至引發龐大的焦慮。那些短暫的數位訊息雖然有趣迷人，卻缺乏深度意義；過度瀏覽社群網站，看到他人光鮮亮麗的一面，往往讓人感到丟臉羞愧，但又無法控制地繼續追，深怕錯過任何訊息。

此外，**當遊戲玩家在角色扮演的線上遊戲中過度投入時，也可能產生虛實不分的心理錯亂感**。例如，當一個孩子在班上是個不受歡迎的邊緣人物，卻在遊戲中扮演國王、將軍、俠客等領導統御或呼風喚雨的角色，雖在遊戲中獲得心理滿足，但下了線仍無法從該角色中脫身，繼續用頤指氣使的口氣和同學互動，造成更多的誤會紛爭，人際關係雪上加霜。

沉迷網路問題很大，但代價最小

說了這麼多，我想強調的是手機網路只是媒介，雖有許多讓人著迷的元素存在，但眞正的問題還是人們的心理困擾。而孩子因爲生活遭逢困境，內心長期缺乏價值感與歸屬感因而身陷網路世界，做父母師長的，反而要感謝網路的神救援。

爲什麼？問你兩個問題，你就能明白：

第一，同樣是成癮行爲，當孩子身陷菸癮、酒癮、毒癮或網癮中，哪些你比較能接受，哪些你絕對無法接受？

第二，同樣是問題行爲，在網路上玩暴力攻擊遊戲，和眞的加入幫派去鬧事火拚，哪個你比較能接受，哪個無法接受？

答案很明顯，你寧可孩子待在螢幕前面，也不願孩子沾染菸、酒、毒品，更不願孩子去飆車、鬥毆、賭博、混幫派。原因是沉迷網路需要付出的代價相對最小，頂多就是課業失敗、人際疏離罷了，暫時不會有生命安全或涉犯法律的危險。

試想，當一個孩子在生活中，也許因爲被同儕孤立、被老師誤會、課業挫敗、家長給予過度期待、親子衝突，或家中雙親不睦、婚姻危機等，處在長期且龐大的壓力中——通常是個人身心資源尚難以承受的「毒性壓力」，孩子通常會發出求救訊號。

一開始，孩子會告訴家人或師長，若得到的是否定、指責，而不是支持與關懷，孩子便學會，說出來也沒有用。接著，可能出現各種失調情緒或問題行爲，如不安、驚恐、暴怒、退縮、無力、低落等，也可能表現在飲食失調、睡眠異常或身體病痛上，如常抱怨頭疼、腸胃不適、拉肚子、虛弱、無精打采等。

然而這些身心徵兆依然未能喚起大人的關注，進一步獲得協助，反之，換來更多指責或忽視，爲化解這些身心上的苦，便會尋求其他能撫慰自己的媒介。**網路正是身邊最容易取得的解憂途徑，一頭栽進其中，忘記煩惱、擺脫壓力；而在網路世界中又能感受到現實生活中從沒有過的溫暖與支持**。從此，心心念念的就是上網，只有在網路世界中才是最幸福的！**就此，網路幫大人把孩子的困境與痛苦給牢牢接住了**。

然而，大人看到的是什麼？
是孩子竟然花費過多時間上網，導致課業退步、精神渙散、人際疏離、暴躁易怒，心想：「網路眞是可怕的東西！」便決定把網路給斷了，手機給沒收！

此時孩子頓失重心，內心混亂之下，勢必得尋求其他途徑讓自己好過一點。孩子可能選擇更極端的方式，如逃家、輟學、加入幫派、嘗試毒品、犯罪等令大人更加擔心的偏差行爲。當然，也可能發展出日益嚴重的身心症狀或精神疾病，甚至伴隨著自我傷害與自殺風險。

當你理解了這些便知道預防網路成癮的關鍵，除了從小培養健康上網的觀念與習慣外，更要能與孩子有著溫暖支持的親子關係，及早辨識孩子的生活困擾，予以支持協助。而當他們身陷網路成癮中，**你要做的不是急著限制網路，阻止碰觸數位裝置，而是去關注他們在生活中遭逢了什麼困境、究竟為什麼而苦**。如此才有機會一步一步地，把孩子從網路極樂世界中喚回，然而，這也是最考驗父母的地方。

3. 有品質的陪伴，是斬斷網癮糾纏的最終解方

對大多數的家長而言，當孩子身陷網癮，無法自拔時，是相當慌張且無助的。你可能試過各種方法，找遍各種資源，更曾對孩子誘之以利、說之以理，外加恐嚇威逼，仍然拿孩子一點辦法也沒有。

最後只好使用終極手段，停掉網路、沒收手機，逼得他們從螢幕世界中回魂。孰料，孩子要不偷溜到同學家上網，不然就是以死相逼：「你們不給我上網，我就去死一死算了！」

貿然斷網，只會付出更大的代價

我遇過許多曾和孩子「對決」的家長，誓言從今天起收回孩子的網路使用權，其實都堅持不久，最後還是妥協讓步，繼續讓孩子上網。而孩子也早吃定父母的決心不

夠，只要一哭二鬧三上吊，父母就會心軟了。

就我所知，對沉迷網路的孩子祭出「從此禁絕網路使用」這種極端手段的家長，要不是難以堅持，不然就是付出極大代價因而後悔。

長期依賴網路做爲成就感與歸屬感來源的孩子，一旦生活中唯一重心被剝奪，豈能接受？肯定會和父母鬧翻的！不是離家出走，不然就是威脅要就此訣別，讓父母每天過著提心吊膽的生活。

曾有位孩子離家的母親哭著問我：「老師，我知道他躲到同學家去，但他一直不回家，我要不要去報警？」我實在沒辦法給她答案。最後，只好再把網路還給孩子，至少回到原點，相安無事。然而，問題依然沒有解決！有太多無助的父母爲此所苦來找我討論，他們總會問我：「該怎麼做，孩子才會懂，才會不再沉迷網路？」其實，他們都問錯問題了。**因爲孩子不是不懂，他們也知道如此沉淪不是辦法，但就是離不開**。那麼，脫癮的關鍵是什麼呢？

我想起，曾有一位家長，向我分享一路陪伴孩子擺脫網癮糾纏的故事，令我印象深刻。

離開網路，真有這麼難？

「我到底還能怎麼做？」三年來，雪怡每天在睡前，都這麼問自己。

雪怡的兒子小可上國中後，在幾位同學的邀請下，進入網路遊戲的世界。每天放學回家第一件事便是衝進房裡，打開電腦，在網路遊戲中啟動對戰模式。

一開始，每晚大概玩個一個鐘頭，就會下線吃飯、洗澡接著念書寫作業。後來，流連在網路上的時間越來越長，有時候飯也不吃，澡也不洗，作業更是草率應付，學業成績當然一路下滑，深不見底。

雪怡見事態越趨嚴重，找孩子好好談談，與他約法三章；孩子每次都說會做到，但每次都做不到。孩子曾告訴雪怡：「媽！有時候，我也知道不能再玩下去了，但我就是控制不了自己呀！」雪怡很疑惑，要離開網路真有這麼難？

什麼都不在乎，只要有網路就好

小可升上八年級，雪怡曾經很嚴肅地說：「再這樣下去，國中會考怎麼辦？前途怎麼辦？」小可聽了，似乎領悟到問題的嚴重性，下定決心戒絕網路，也眞的有好幾個月，如非必要，不再碰網路。

雪怡很欣慰，過去那個活潑上進的孩子又回來了。

但是好景不常，半年不到，孩子又陷入網路世界中。這一次沉迷得更嚴重，除此之外，小可的脾氣也變得更加暴躁易怒、反覆無常。雪怡認眞地問小可，到底怎麼回事？小可說：「學校的課業一落千丈，我根本學不會，我不要念書了！」

「你就是之前整天打網路遊戲才會這樣，再不急起直追，眞的就沒救了！」

「哼！沒救就沒救！反正我有網路就好了！」

雪怡好說歹說都沒辦法把孩子勸離網路世界，焦急萬分。

有人告訴她，多帶孩子出外走走，培養其他嗜好或興趣。雪怡試著照做，但小可連離開房間都不願意；有人告訴她，絕不能放縱孩子，要限制孩子使用網路的時間，雪怡也照做了，換來的是小可的大聲咆哮：「妳敢斷我網路，我就死給妳看！」

見孩子情緒失控、面目猙獰，雪怡不敢再輕舉妄動。眼看孩子就要放棄自己的人生，每天一副人不像人、鬼不像鬼的模樣，雪怡即使心急如焚、怒火中燒，卻無能爲力，什麼都做不了。

雪怡與先生都是大學教授，正因爲這樣的身分，她更感自責，自己是個高知識分子，怎麼教出這樣的孩子？雪怡回想當初，即使工作再忙，該給孩子的資源與成長條件從來沒有少過，不論是學習或生活常規都嚴格要求。不料，上了國中後，孩子卻全「走鐘」了！

「我如此用心，這孩子爲什麼要這樣對待我？」夜深人靜時，雪怡時常仰天自問，但從來找不到答案。

孩子拒絕配合，專家也愛莫能助

有次，學校老師建議雪怡帶孩子去醫院身心科門診就醫，但小可拒絕一同前往，任憑母親怎麼哀求，就是無動於衷。無計可施之下，雪怡乾脆自己上醫院掛號。然而，醫師卻告訴雪怡，孩子沒有前來，他難以做任何評估或診斷。雪怡不放棄，在打聽之下，嘗試尋求心理諮商協助。心理師與醫師一樣告訴她，沒見到孩子，無法深入評估孩子的問題，倒是心理師也與雪怡討論了一些生活概況。

回程路上，雪怡再度感到心灰意冷，都已經求助專家了，對方卻總說愛莫能助。但腦中卻浮現會談結束前，諮商心理師的一番話：「孩子的問題，通常不是一時半刻可以解決，得做好長期抗戰的準備。而我知道妳已經盡力了！所以請照顧好自己，仍然要把生活過好，因爲妳才是最重要的那個人！」不知道爲什麼，雪怡的內心有些翻攪，這番話好像講中了她長期以來的心情。不久，雪怡又再回去找心理師會談，就這樣開啟了一週一次的心理諮商，長達一年多。

受到心理諮商支持的是家長自己

某天，雪怡到我演講的會場找我，向我分享這一路走來的故事：「陳老師，謝謝你！我的孩子成功戰勝網路遊戲的誘惑了！」

她劈頭這麼說著，我卻一頭霧水。原來兩年前，她曾透過臉書與我聯繫，詢問關於孩子沉迷網路的事情，我說我能幫的有限，建議她帶孩子尋求心理諮商協助，並介紹了一些諮商資源。

「因爲你，我接觸到心理諮商，然後我發現事情開始有了轉變。」現在，她的孩子升上高一，漸漸不再玩網路遊戲，彷彿找回過去那個開朗積極的孩子。聽雪怡興奮地說，我仍然不解，到底是什麼讓孩子改變了呢？

「也許是我開始改變了吧！」原以爲求助於心理諮商是要幫助孩子，結果這一路走來，卻成了自己能穩定下來的支持力量。雪怡說：「我開始將生活重心放回自己身上，時時關照與覺察身心狀況，讓自己保持在穩定與和諧的情緒狀態中，即使見到孩子墮落的模樣令我抓狂，但我也不斷提醒自己保持平靜。」

這眞的很難呀！我問她，究竟是怎麼做到的？

「我告訴自己，既然無法掌控孩子的網路使用狀況，不如就把握每一分每一秒與孩子互動的時刻，好好與他對話。我不再勸說孩子關於網路或課業的事情，收起嘮叨與指責，只問候孩子的生活點滴，傾聽他說話，尊重他是否要繼續談話的意願。即使只有三、五分鐘，還是努力這麼做——就是你常說的『有品質的陪伴』。」

「一開始，我只是不想再看到孩子臭臉迎人，不想讓家裡總上演火爆衝突的場面；久而久之，孩子開始對我有了更多的笑容，更願意分享生活中的事情，更願意參與家庭活動。」

「上了高一後，有一天他突然告訴我，他找到人生方向了，要爲自己的夢想努力，不要再被網路遊戲給拖累了。」

這根本是連續劇才會有的情節！現在，這孩子已經遠離網路遊戲整整半年，課業也逐漸起色，而這母親說到這裡，淚流滿面，那是感動的淚水。這奇蹟般的轉變，一切都難以解釋，但就是發生了。

大人開始改變，孩子就會不同

我可以肯定的是，這位母親眞的很努力，努力地自我成長，並從自身改變起，不再只是一味地要求孩子改變。於是更能夠穩定下來，給孩子有品質的陪伴。

雪怡的故事，再度印證了我一個深信不移的信念：「**大人改變了，孩子就會開始改變**」。

雪怡做了什麼，讓孩子奇蹟似地從網路魔境裡起死回生？而之前對孩子苦口婆心，說了這麼多的大道理，孩子都無動於衷，有一天突然浪子回頭，開始積極面對自己的人生，怎麼回事？

雪怡努力做的就是設法創造與孩子有品質的互動機會。**每當與孩子有機會說上幾句話時，不是嘮叨埋怨，而是溫暖問候；不是指責數落，而是肯定關懷。如果孩子願意，就繼續對話；如果孩子面露不耐，不想再聊，也予以尊重。**

爲什麼這麼做有效果呢？

因爲這正提供給孩子一個替代性的情感經驗。過去當他與家人互動時，接受到的是指責、批評、數落與碎唸，這令他感到自己既一文不值又不受歡迎，於是躲到網路世界中，就能隔絕與家人的互動，當然也順道忘卻課業挫敗帶來的煩惱。

願意在現實生活中多待幾分鐘

然而不知道從什麼時候起，孩子開始感覺到與家人互動時，那些煩躁的感覺不再，更多的是自在與開心。於是，他開始願意多說點學校發生的事情，多分享自己在生活中的發現與感想。特別是和母親對話時，不論他說什麼，得到的是更多的傾聽，甚至是感受被理解，這是過去很少有過的經驗，他當然想與母親多聊幾句。

對嚴重沉迷網路的孩子而言，只要願意在現實生活中多待幾分鐘，就減少了在虛

擬世界中幾分鐘。如果在現實生活中能得到溫暖與成就，漸漸地，數位嗎啡的劑量也可以減低了。

然而，這一切要發生談何容易？

當家長的，得先安頓自己的情緒，面對與處理那不安、焦躁、無助、自責的心情。所以當雪怡發現心理諮商可以提供她心理支持，先做到自我照顧，便有更多力量來面對孩子及孩子的困境。這是日積月累的結果。與其說是浪子回頭，不如說是父母的自覺，帶動了孩子的改變。

4. 長期抗戰、重啟連結，沒有特效藥！

每當心急如焚的家長問我，可否有立即見效的方法，幫助孩子脫離網路沉迷？我總是會搖搖頭說：「沒有！」沒錯！真的沒有特效藥。爲什麼？冰凍三尺，並非一日寒；孩子會沉淪在網路世界中，不是一朝一夕就發生。

問題是慢慢累積而嚴重起來的！

當孩子在生活中感受不到接納與肯定、充滿空虛與無力時，偶然間發現，打場線上遊戲竟然如此紓壓，接著越來越常透過網路遊戲來排解煩悶。因爲耗費大量時間在網路活動上，造成課業落後、人際疏離等排擠現象。此時，大人若沒意識到孩子需要幫忙，反而給予更多責備與否定，會更把孩子推往虛擬世界中。最後越陷越深、出不來了！

所以你要他立刻回到生活常軌，談何容易？

當然，也不是沒有解法，但我通常要家長先有「長期抗戰、重啟連結」這八個字的心態準備。

長期抗戰——慢慢來，比較快

所謂長期抗戰就是：幫助孩子循序漸進地脫癮。這往往要花費許多時間，絕不可能是幾天或幾個月，有時候是以「年」爲單位。甚至，看似好轉也有可能在一夕之間故態復萌。這對一心想幫助孩子脫困的家長而言，是種身心上的折磨。

但是戒癮的過程就是如此，尤其是大腦尚未發展成熟的兒童或青少年，更需要耐心等待。有了這個覺悟，你要做的就是設法沉得住氣，不斷告訴自己：「慢慢來，比較快。」我們必須相信，一個孩子若能積極向學、表現優異、人見人愛，又何苦沉迷網海、自我放棄？其實，他們也不願意，但是卻也不相信自己可以做得到。

在《App世代在想什麼：破解網路遊戲成癮，預防數位身心症狀》一書中，作者張立人醫師提到，成功脫癮的關鍵就是要有「動機」。沉迷網路的孩子改變動機越低落，脫癮的難度就越高。依照不同程度的戒癮動機，可分成六個階段：

（一）懵懂期：不認爲自己有成癮的問題，不需要改變或接受協助。

（二）沉思期：感覺到困擾，好像需要改變，但還在考慮中。

（三）決定期：決定想改變，但不知道該怎麼做才好，也沒有採取行動。

（四）行動期：試著採取一些初步的行動。

（五）維持期：持續維持改變的行動，堅持過新的生活。

（六）復發期：再度沉迷網路，回到先前的問題狀態。

有許多父母告訴我，被網路糾纏的孩子不認爲自己如此墮落有什麼問題，不但沒有「病識感」，更不思改變。這樣聽起來似乎處在「懵懂期」。然而我卻觀察到，有更多的孩子其實知道自己不能再繼續下去，也想脫離現況，甚至有時候也掙扎著，要不要乾脆破釜沉舟，重新開始。只是即使有些意願，卻三心兩意，無法下足決心做出改變。

身旁大人要努力的，就是相信孩子也想改變，設法支持孩子提升改變的動機。然而這常是來來回回、反覆漸進的過程。甚至有時候看似成功脫離網癮了，過幾天又被虛擬世界召喚回去。孩子的三分鐘熱度令你心灰意冷，但這卻是再正常不過的了。

請相信，即使耗時費力，進步狀況時好時壞，我們的努力仍然不會白費。只要掌握要領，朝著正確的方向走去，日積月累，終將看見曙光。

重啟連結——營造良好的親子互動關係

若家中有「迷網」兒，可以發現你們之間的關係，肯定惡劣到了極點，要不是緊張衝突，不然就是冰冷疏離。**首先要思考的不是如何把孩子從螢幕前面給帶離，而是如何與孩子修復關係、重啓溝通，增進彼此的信任關係**。

我知道這很難，而且這確實是最難的！但是少了這個步驟，肯定不會成功。

當你無法和孩子有效溝通時，你的人生智慧再有道理，也進不到他的心裡；當你無法和孩子有效溝通時，你也無法讓他開口說出自己的困境，給他支持與協助；當你無法和孩子有效溝通時，你也難以讓孩子接受專業協助，因爲不管你做什麼，孩子只會拒絕與反抗。

重啟連結需要從生活的細微處著手，就像上一節提到的雪怡，她不再開口閉口嘮叨孩子沉迷網路的事，而是在有機會和孩子說上幾句話的時刻，溫暖、關懷孩子，在孩子願意說話的時候，傾聽他的想法，甚至帶著好奇探問：「還有呢？我還想多知道一些！」鼓勵孩子多說一點。就這樣一點一滴地把孩子的心給拉了回來。

有的家長會問：「可是我的孩子一回到家就黏在螢幕前面，一句話也不肯和我說，怎麼辦？」

我通常會問：

「一整天下來，孩子眞的一句話都沒和你說嗎？」

「一整天下來，你們完全沒有任何互動的機會嗎？」

「一整天下來，孩子總會出來喝個水、吃個飯或上廁所吧？」

你會發現，孩子不是無時無刻都在上網，也需要喝水、吃飯、上廁所，也有離開房間、放下手機的時候。這時你就可以抓住機會，溫暖問候個幾句：

「上網這麼久，會不會累呢？」

「肚子餓嗎？要不要吃一些點心？」

「你出來啦！想不想聊聊天呢？」

當然，十次裡可能有九次會碰壁，孩子會用冷漠的眼神回應你，或說「不要」

「沒有」「不知道」，或者根本沒回應。如果談不下去，就暫停這一回合，等待下一次的機會。請務必沉住氣，這是正常的！**你越沉得住氣，越能為未來的良性溝通打下基礎**。一開始，你的關懷會令孩子厭煩，但你能夠不批評、不責備，純粹表達關心，孩子會慢慢感覺到溫暖，也會開始善意回應的。

改善關係，從父母的自我成長開始

有不少家長因為理解「重啟連結」的重要，特地積極學習親子溝通，也透過大量閱讀，改善親子關係。

坊間有許多與親子溝通有關的書籍，我自己也有幾本著作，包括《擁抱刺蝟孩子：重啟連結、修復情感、給出力量的關鍵陪伴與對話》《正向聚焦：有效肯定的三十種變化，點燃孩子的內在動力》和《受傷的孩子和壞掉的大人》等書，都很值得參考。多數家長是在面對孩子教養上的困境時，才領悟到，自己需要學習。

一開始，是想找到一套能駕馭孩子問題行為的方法；慢慢地發現，只有自己先調整和改變，孩子才會開始改變。於是，他們開始參加大量的親職教育講座與課程，除了學習親子溝通外，還學習關照自己、安頓情緒。因爲他們知道，在心平氣和的狀態下，才有可能與孩子展開良性互動。**不再只是要求孩子改變，而是願意回頭在自己身上做功課，深度探索與理解自己**。

唯有父母先成長，才有能力帶動孩子一同成長。

這個過程確實艱辛又難熬，必要時，你也可以尋求專業協助，接受心理諮商，讓自己先獲得心理支持。甚至在諮商晤談中與心理師演練親子溝通的技巧，這都有助於面對孩子的棘手難題。

5. 點滴累積：正向聚焦的運用

嚴重沉迷於網路的孩子是需要接受專業協助的。醫療或心理專業人員自有一套晤談策略，幫助孩子逐漸改善網路成癮的狀況；同時，也需要與學校密切合作。但是，不管孩子是否接受專業協助，**家長在這當中做了什麼努力，才是關鍵中的關鍵**。畢竟，與孩子相處時間最長的，還是家人；對孩子影響最大的，也是家人。

不論孩子是網路成癮或是過度上網，我給家長的具體策略都是「正向聚焦」。

肯定比懲罰更能促成長期有效的改變

想一想，過去當孩子上網超時、不遵守網路時間規範，或者無時無刻都貼在螢幕前時，你怎麼回應孩子？大概會這麼說：

「別再滑手機了！你到底還要滑多久？」

「玩遊戲、玩遊戲，你整天只會玩網路遊戲，到底夠了沒？」

「我拜託你不要再上網了，你不知道成績已經一落千丈了嗎？」

「你看看你，每天都這樣，一上網就下不來，氣死我了！」

你會要求孩子停止上網，苦口婆心地提醒、勸戒孩子；不是碎唸嘮叨，就是咆哮怒罵。請問有效果嗎？

如果有效，早就不用再說了，一直重複同樣的話，表示根本沒效，或者效果有限。我要請你記得一個概念：**要促發一個人行爲改變，讚美肯定會比指責和否定來得有效果**。責備、怒罵或任何帶有暴力形式的懲罰，如果會讓孩子的問題行爲改善，是因爲孩子感到恐懼，所以願意改變。當孩子不再怕你，那些加諸在他身上的痛苦，就起不了任何作用了。

因此這幾年我大力推廣「正向聚焦」，希望不論是家長或老師，都能學習用正向的眼光看到孩子值得被讚賞的地方，給出能帶來改變力量的肯定。最終讓孩子相信：「我是做得到的。」而願意持續改變。

行為表現的特性：不會一成不變

請先回答我兩個問題：「從過去到現在，孩子一直過度上網嗎？」「是否有什麼時候，孩子上網的時間是比較少的？」

如果認眞思考，你會發現孩子再怎麼沉迷網路，也不會每天都一樣嚴重。也就是有時耗在網路上的時間長一點，有時候短一點。雖然整體來說都很誇張，但也會有程度上的不同。甚至，有時候整天都不會碰手機網路呢！

這便是正向聚焦的核心概念：行爲不會一成不變。**再固定的行爲模式，每天都會有不同的波動起伏**。如果孩子今天上網的時間比昨天少了一點，那怕只是少十分鐘也好，你願意看見並給予肯定嗎？當我們把焦點放在那提早十分鐘下線的行爲表現上，並且讚賞孩子、給出肯定，而不是只在乎「一直上網」或「不肯下來」，這麼做便是「正向聚焦」。

正向聚焦在上網時間的減少

因爲行爲不會一成不變，你一定可以觀察到孩子每天上網時間的變化。舉例來說，當孩子今天比平常還提早十分鐘下線，或少玩線上遊戲十分鐘時，我們可以這樣說：**「孩子我發現今天你提早十分鐘下線喔！」**

如果這是事實，就具體地描述出來，同時用欣賞的眼光看著孩子，用肯定的語氣說出這句話。如果過幾天，孩子又提前下線，不管是去睡覺、寫作業，還是發呆都好，你要再一次地對孩子表達肯定：**「孩子，今天我又發現你提前結束網路遊戲，很棒喔！」**你可以適時加上一些讚美的話語，例如：**「這很棒喔！」「很好呢！」「不簡單喔！」「還不錯唷！」**但點到就好，切勿過度誇張。

幾次之後，你還可以這麼說：**「我發現最近你有好幾次減少上網時間，這很不容易耶！顯示你是可以做到自我控制的，越來越進步了呢！」**除了上網的時間減少可以肯定，上線的頻率降低，拿起手機的次數減少，也都可以立刻說出來給予肯定。相信我，孩子會因爲你的反覆肯定，而開始減少上網。

爲什麼？

我始終相信，沒有任何一個孩子願意自甘墮落，沒有一個孩子想永遠被困在網海中載浮載沉。可以的話，他們也想從網癮中脫困，也想過好自己的人生。只是，這太困難了，困難到他們不相信自己可以做得到。

然而，**這不代表他們完全放棄努力，也不代表眞的完全做不到**。當我們願意去關注孩子減少上網這樣的事實時，孩子感受到他表現合宜的行爲被看見了，因而願意花更多的心力，控制自己的上網行爲。

爲了表達我們的肯定與欣賞，我們還可以進一步這麼問：「多麼不簡單呀！你是怎麼幫助自己做到提早下線的呢？」「這眞的很不容易！你是怎麼做到寫完作業才上網呢？」

孩子不一定回答得出來，但這樣的問話卻可以引導孩子自我反思，同時也再度向孩子傳達出欣賞與肯定。

正向聚焦在改變意願

當一個人的正向行爲被看見進而受到讚許時，類似的行爲就會被強化而重複出現。因爲每個人的努力都想被看見！經過一陣子，你會觀察到孩子雖然還是過度上網，但時間減少了、次數變少了、頻率降低了。這時候你可以這麼告訴孩子：**「孩子，這一陣子我發現你上網的狀況明顯改善，你自己有發現嗎？」**

孩子應該也會點點頭，你接著說：**「我覺得，這很不容易耶！這顯示你正努力地控制自己上網，你不但在乎，而且有能力自我控制。我很好奇，是什麼讓你願意這麼做的呢？」**

「是什麼讓你願意這麼做的呢？」這句問話，是將焦點放在孩子的改變意願上。通常孩子回答不太出來，你可以換個方式問：**「我的意思是，當你願意減少上網、開始改變時，對你的好處是什麼呢？」**

別期待孩子會回答出什麼深富智慧的話語，通常會這樣說：「不知道，就……不想再繼續這樣下去！」

「你的意思是，不想再繼續沉迷網路嗎？也就是說你希望自己能有新的開始，是嗎？」嗎？」**這句話是用「換句話說」來確認孩子所表達的，把孩子口中的「不要」，轉換爲「想要」，藉此強化孩子願意改變的理由。**

請注意！很多家長會在這裡講起大道理：「是呀！你終於會想了，我之前早說過很多次了，要你快快斷了網路，你還有大好人生呀……」請務必幫自己踩煞車！當大道理一出口，孩子感受到的只是指責和碎唸，好不容易出現的微小進步，很可能就此前功盡棄、打回原形。

你只需要傾聽，適時地幫孩子重新詮釋話語內容如此就好。最後，對孩子說：「**你願意這樣做、這樣想，我很開心！我也相信你是可以做到的。**」依然用肯定的眼神、讚賞的語氣說出這句話。

這些回應或提問，都是在設法強化孩子的改變意願，提升改變動機，增強對改變的承諾。

正向聚焦在正向意圖

你是否想過，一個花大量時間在網路世界裡，才能感到滿足的人，如果不上網，他要做些什麼好？

你會說，他可以去讀書、工作，做點正經事呀！問題是，那些網路成癮的孩子，往往在現實生活中遭遇了難解的困境，在空虛、無聊或痛苦之下，栽到網路世界中尋求解脫。少了網路幫他們療傷止痛，他們還可以怎麼辦？

所以，別急著要孩子不上網就去念書；或許他們的壓力來源之一，就是在課業上缺乏成就感。也別期待孩子不沉溺網路社群，就可以和同儕相處熱絡；或許正是被同儕孤立排擠，把他們推往網路世界。最終他們的痛苦需要被好好理解。家長可以對孩子這麼說：

「我知道，你在生活中過得很痛苦，所以才在網路世界裡讓自己感覺好一點。」

「我知道，你會花這麼多時間上網，是因爲你覺得生活中沒人理解你、缺乏成就感，而在網路遊戲中你可以感到很滿足，很快樂！」

「你不是故意要沉迷網路的，你是遇到困難了吧！」

這是透過說出沉迷網路背後的「正向意圖」，對孩子表達深層理解，同時鼓勵孩子把他的痛苦或困境說出來。接著便有機會進一步討論該如何解決這些困境，至少陪著孩子去面對現實生活的壓力。

當然孩子的壓力來源可能就是父母，親子關係正是孩子的困境，那麼，趁此機會好好修復關係，是當務之急。

發展上網以外的替代行為

當孩子的願意改變的動機越來越強，也表現出比較多自我控制、減少網路使用的行爲時，我們便可以這麼問孩子：

「當你開始減少上網時，生活有什麼改變？」

「當你能自我控制時，你發現生活中哪些地方不同了？」

或者引導孩子從其他人的角度，來觀察自己：

「你的好朋友是否發現你有些不同了？」

「你的老師是否觀察到你跟過去不一樣了？」

這些問題都能引導孩子覺察上網行爲的改變爲生活帶來了不同。例如，氣色變好、上學有精神、睡眠品質變好、情緒穩定、人際關係改善、上課能專注、與家人能溝通等，刻意引導孩子說出這些戒癮後的好處，能鞏固孩子持續改變的動機。

正向聚焦之所以能對網路成癮的問題幫上忙，是因爲它能讓孩子感受到被理解、被接納，體驗到在虛擬世界中才會獲得的歸屬感。更重要的是，讓孩子感受到被肯定與被欣賞，因而漸漸相信，自己有能力做到減少上網，斬斷網路的糾纏、重獲新生。

我們可以進一步和孩子討論，**當自己感到壓力很大時，可以做些什麼替代活動來紓壓，而非只透過上網這唯一的途徑來忘憂解愁**。有些孩子在脫癮的過程中，會設法將注意力轉移到其他活動上，如閱讀小說、藝術創作或大量體能活動，只要是健康且不會帶來傷害的，都應該被鼓勵。家長別只把用功讀書或提升成績視為第一要務，目前孩子正處在擺脫網癮的過渡階段，擁有上網以外的替代行為，是需要被肯定的。

許多研究都發現，**如果一個孩子從小擁有幾項能全心投入的興趣或喜好，將能減少沉迷網路的風險**。就算這些興趣或喜好得花大量時間在數位裝置上，也不會到失控或成癮的程度，也就是上得去也下得來。甚至，網路遊戲或社群媒體雖然有趣好玩，但對這些孩子的吸引力卻不大，大人反而不需太過擔心。

你可以與孩子一起討論：

「你現在努力減少上網了，眞的很不容易！當不上網時，你可以做些什麼呢？」

「當覺得煩惱憂愁，又很想上網紓壓時，你可做些什麼幫助自己呢？」

孩子也許一時想不到沒有關係，家長可以主動邀約，帶孩子出門去走走，從事戶外休閒活動，藉著親子相處的時光進行有品質的對話，傾聽孩子分享煩惱，或漫無目的地聊天，創造親子相處時和諧愉快的氛圍。

為此，你也可以對孩子正向聚焦：

「謝謝你願意和我們一起出門！」

「謝謝你願意讓我知道你的煩惱！」

「謝謝你努力抵擋誘惑，為自己而改變！」

6. 別單打獨鬥：尋求資源、系統合作

「志恆老師，可以請你幫我介紹心理諮商的資源嗎？我的孩子網路成癮很嚴重，想讓他試試接受心理諮商！」

「好呀！沒問題！我認識很多優秀的心理師。」家長拿起筆記本，瞪大眼睛，正準備做筆記。

我又說：「不過，我很好奇，孩子願意接受心理諮商嗎？」

「嗯……我不知道，我再問問看他好了！如果他不願意，怎麼辦？」

「這是很有可能的，如果他不想，逼他去也沒有用。我的建議是，盡量多邀請他幾次，但也尊重他的決定。不過，也許你們可以自己先去和心理師談談，最好，夫妻倆一起去！」

對方若有所思，我又問：

「我想知道孩子目前的狀況，學校知道嗎？輔導室有介入協助嗎？」

「我們有跟導師討論過啦！不過，我們不太希望輔導室介入。你知道的，我們擔心孩子被貼標籤，而且，我猜孩子也不想去接受輔導吧！」

「你怎麼知道他不想呢？」

「他都說他沒問題，是我們有問題，說我們管太多了！」

別忘了，學校是你的好夥伴！

我常在各種場合和焦慮的家長有類似的對話。

不少家長因爲孩子的各種問題，來找我幫忙，要我提供心理諮商或醫療資源給他們。我當然很樂意！但是，他們直接跳過學校，向外求助，這裡頭存在著一些迷思：

（一）**外來的和尚會念經**。身心科醫師或心理師等頭銜，聽起來比較專業，比較能幫上孩子的忙。

（二）**對學校系統不放心**。最常見的是擔心孩子接受學校輔導會被標籤化，或者，不認爲學校有能力處理孩子的問題。

事實上，不論是網路成癮或者其他問題，學校或外部資源都可以幫得上忙。**這不是誰比較專業的問題，而是各司其職，各自站在不同的位置，提供孩子不同面向的協助。**

過去，我曾在學校裡擔任輔導教師，現在則離開學校，以諮商心理師的身分走進社區。就算轉換不同場域，我懂得還是一樣多，如果有變得比較厲害，那是因爲不斷進修與經驗累積的結果，與場域或身分的關係不大。

所以我希望你可以先與學校建立起合作關係。

孩子的生活中，有大部分的時間在學校，一些常見的困擾，也可能來自於學校，像是同儕相處、師生衝突、課業挫敗，或某些失敗經驗等。

前面提到孩子的網路成癮，往往是在日常生活中遇到困境，缺乏歸屬感與成就感。家長如果可以與學校老師充分討論、交流觀察，找出可能的問題癥結，就有機會做出相對應的調整或安排，對孩子問題的改善，總是會有幫助的。

再來，比起一週一次去身心科門診或與心理師會談，學校老師有更多機會對孩子表達關懷與支持（當然，也可能造成更多壓力）。而現在的各級學校，都有專業的輔導與諮商人力配置，在中小學為專任輔導教師，在大學為心理師或社工師。他們都經過輔導與諮商的專業訓練，多少對網路成癮議題有些涉略，有能力與孩子討論這方面的問題。若孩子因嚴重沉迷網路而造成課業成績低落，或有拒學或輟學現象，家長也需要與學校相關單位密切聯繫。必要時，學校會召開個案會議，討論如何集結各處室資源或各科教師一起協助孩子，給予成績考察或出缺勤等方面的彈性評量。

學校輔導處室若評估孩子有需要接受長期且深度的心理諮商，也會轉介各縣市學生輔導諮商中心，請心理師或社工師到校與孩子定期會談。重點是，這些都是免費的，但外面的心理資源常需自費，若沒有健保補助，花費可不便宜。

至於標籤化的問題，多少仍存在。但是，現在的孩子普遍認識學校輔導資源，比起過去，更知道遇到困難時可以找輔導老師討論；甚至還會「好吃道相報」，邀有困擾的同學去找輔導老師。所以比起過去，現在的輔導室常常「門庭若市」，每個輔導老師手上都有許多個案待協助，時常分身乏術。

若孩子拒絕接受協助

因此，當你發現孩子有網路成癮的問題，無法憑自己的力量處理時，請務必向外求助，別單打獨鬥。就從學校的資源著手吧！

第一，聯絡孩子的班級導師，與導師交換資訊。請務必向導師說明孩子在家中的網路使用情形，也向導師了解孩子的學校整體表現。

第二，請導師協助牽線，聯繫學校輔導單位，媒合學校輔導教師或心理師介入輔導。接著，學校就會視狀況啟動系統合作機制。校內部分，透過個案會議加強橫向聯繫，幫助各科任課老師了解孩子的目前狀況，予以生活及課業上的關懷與協助。若有必要，在學業成績或出缺勤狀況做彈性考核，但這需要與學校人員充分討論，取得共識。

第三，若孩子的問題更棘手，可透過學校向各縣市學生輔導諮商中心申請心理諮商服務，由心理師或社工師到校與孩子定期會談。

關鍵是，孩子本身是否有意願接受協助？

大部分沉迷網路的孩子都不認爲自己有問題，更不想接受協助。也有可能明知自己已病入膏肓，但卻不願接受師長幫忙。然而，孩子眞的沒有任何一點改變意願嗎？

不是的！孩子其實更擔心接受協助後會受傷。過去因爲上網問題，已經被罵得夠慘了，這次又要被不認識的陌生人輔導，大概不會比較好。**孩子對大人的信任崩解，讓他們即使有意願改變，卻仍抗拒求助。而信任崩解顯示關係的斷裂，這也是讓孩子持續待在網路世界中取暖的原因之一。**

實務上，還是有一些策略能讓沒有求助動機的孩子接觸到輔導諮商的協助。如果學校裡有孩子比較信任的師長，也許可以扮演橋梁的角色，邀請或陪著孩子去接觸學校的輔導資源。如果這麼做行不通，就由輔導處室主動出擊，直接約談孩子，只要有接觸、見到人，就有機會建立關係、開啟對話。這就是爲什麼當父母無力處理孩子的問題時，別繞過學校，而是應該先與學校合作。**再怎麼樣，大部分的孩子都會上學去，在校園中，老師總有機會與孩子碰到面、談一談。**

過去我在學校擔任輔導教師時，也常遇到導師轉介沒有求助動機的孩子。孩子不願意自己來談，我就主動把孩子給找來。孩子帶著強烈的抗拒與敵意，要不是怒氣沖沖，不然就是冷漠不語。**我的任務就是努力同理與貼近孩子，讓他感受到眼前的大人沒有責備、沒有否定，也不講大道理，而是真誠地想理解他、關心他，讓他感受到有**

別於以往的情感經驗。

幾次之後，便能與孩子慢慢建立起信任關係，孩子也開始有了改變動機。然而，光孩子有決心還不夠，生活中的困境仍會讓孩子打回原形，例如，課業挫敗、同儕疏離、親子關係緊張等。於是，我會逐步把學校老師及家長，一起加進系統合作的行列。在學校方面，請導師協調班上同學友善相處，調整班級團體動力，同時幫孩子尋找能獲得成就感的表現機會；在家庭方面，與家長討論如何改善親子互動，試著搭起家長與孩子良性溝通的橋梁。

醫療或社區資源

我相信大部分的學校師長，都是有心且用盡全力要幫助孩子脫離困境的。但現實上可能因為種種因素，使協助效果有限。更多時候，是孩子的狀況更為嚴重，除了近乎失控地使用網路外，還合併其他的問題，如嚴重情緒困擾、自我傷害、傷害他人、睡眠及飲食失調，甚至出現妄想或幻覺等精神症狀。

這時，你就該考慮帶孩子去就醫。問題是，網路成癮該掛哪一科呢？

通常是醫療院所的身心科、精神科或兒童心智科，有些醫院或診所還開設網路成癮特別門診。**我強烈建議，除了前往醫院門診接受專科醫師診療外，也要配合一段時間的心理諮商。**

你可以直接請教醫師，能否轉介醫院的心理諮商服務；也可以到坊間的心理治療所或心理諮商所，由有專業證照的執業心理師進行心理諮商。相關的醫療或心理諮商資源，都可以在衛生福利部心理及口腔健康司網站中的網路成癮專區❶查詢得到。

當你帶著孩子尋求學校以外的社區或醫療管道協助時，請別忘了持續與學校保持聯繫。以前，我也常建議家長帶孩子就醫，事後我一定會詢問家長，醫師的診斷、評估或建議是什麼，這能幫助我判斷該如何擬定或調整孩子日後的輔導計畫。

尋求專業協助會留下「案底」嗎？

別擔心孩子去學校接受輔導，或尋求醫療及心理諮商協助會留下「案底」、影響孩子的前途。這已經是過時的看法了！

不論是學校或醫療單位，輔導諮商或醫療紀錄，是被法律規定要保密的，相關人員也不能隨意洩漏個案資料。

如果，你仍有所顧慮或向外求助困難重重，你也可以先嘗試線上諮詢。臺灣展翅協會（ECPAT Taiwan）於二〇〇六年就成立了「Web885（網路幫幫我）諮詢熱線」，提供民眾以匿名方式，於網路上諮詢有關網路成癮或網路安全的困擾。只要在Web885網站上填寫諮詢單，由各路專家所組成的諮詢顧問就會回覆你具體的建議。

面對孩子網路成癮的問題，你不需要孤軍奮戰。目前不管是學校或社區，網路或實體，都有著比起過去更多的資源可供使用。現在，就給自己和孩子一個脫離網癮糾纏、重獲新生的機會吧！

❶ 網路成癮專區

Lesson 4

常見的網路使用問題

1. 群聚感染！網路上的人際互動與網路霸凌

如果有一天，你不小心瞥見孩子在臉書上用粗魯的字眼發文罵人，或回應別人的文章，請別太訝異！就算是平時知書達理的乖乖牌，到了網路上都可能變了個樣。但也請別認爲這沒什麼：「青少年不都是這樣的嗎？」如果你覺得哪裡不對勁，請相信你的直覺，採取必要行動。你的孩子可能正在網路社群中，參與著網路霸凌，甚至他就是網路霸凌的首腦，但他可能不知道這有多麼嚴重。

網路霸凌比你想像的還嚴重

網路上的霸凌行爲，比你想像得還要嚴重與頻繁，幾乎任何孩子都有可能成爲加害人而不自知。他們以爲自己只是留言附和，與大夥兒一起批評某人，轉傳關於某人的影像或謠言，或者對某則貼文按讚，覺得並沒有什麼大不了。然而，在按下「送出」鍵的那一刻，可能就成了壓垮駱駝的最後一根稻草。

霸凌指的是長期且持續反覆地出現強欺弱、衆擊寡，並造成弱勢一方嚴重身心傷害的行爲。一般而言，**當雙方的權勢或力量不對等、長期且反覆出現、以及造成身體或心理的損害**等要素同時存在時，就會被視爲霸凌。不只在校園或孩子的世界裡，只要是有人的地方就會有霸凌產生。除了肢體或言語上的攻擊與傷害，透過孤立與排擠的關係霸凌也很常見。當這些情節被搬到網路上，將變得更爲隱微與複雜，也更具傷害性。過去，如果我想攻擊或報復某人，得冒著被人發現的風險，找人一起捉弄、譏諷或暴力相向。現在，只要在網路社群上，不指名道姓地影射嘲諷，其他人你一言、我一句地附和，就可以讓當事人感到生不如死。

過去，在學校裡即使被欺負，回到家就沒事了。現在，回到家、連上網，你仍感到不得安寧，那些傷害如影隨形。

事實上，**網路霸凌所造成的痛苦與傷害，往往比在眞實世界中更大**。除了因爲網路霸凌無所不在，當事人只要打開手機網路就會看見之外，**霸凌者因爲隔著網路，無法看見受害者的痛苦，同理心會大幅降低，更難以克制自己的行爲**。同時，網路的即時性與擴散性，具傷害性的資訊一旦傳出去後就覆水難收，受害者常會處在一種「全面失控」的感覺中。

我們與惡的距離

在網路上，人們可以與眞實世界的形象判若兩人。許多父母師長想不通，平常溫和有禮的孩子，怎麼會在網路上散布謠言、侮辱、毀謗或煽動同儕孤立他人呢？此外，網路的匿名特性，讓人感到外在監控降低，可以我行我素，不用爲自己的行爲負責。而網路上一呼百應的效果，也常令參與霸凌的人覺得責任分散，甚至錯把傷害行爲當作伸張正義，或因爲「大家都這麼做」而合理化自己的暴行。

認眞思考，也許你我都曾是網路霸凌的共犯之一，我們與惡的距離，是如此接近。我遇過許多惡霸級的青少年孩子，**在他們恃強凌弱的惡行背後，常常有著脆弱的心靈**。通常有被傷害過的經驗，例如被背叛、排擠、羞辱或暴力對待，可能發生在家庭，也可能發生在學校。長大後，他們學習到使用暴力才能凌駕於他人，讓他人順服；透過拳頭便能增加自己的影響力，獲得同儕尊重的眼光。

就這樣，他們成了霸凌者。

光有霸凌者不足以構成霸凌，還得有被霸凌者和旁觀者。在青少年的世界裡，誰容易成爲被霸凌者呢？答案是：誰都有可能。

哪天，你只是不小心說錯一句話、在班上發生了件糗事，就成了那個倒楣鬼，我常稱爲「箭靶」。在一個人人都害怕被孤立的群體裡，箭靶的存在，說明自己是安全的，暫時免於被排擠的恐懼。因此，有些人會開始加入霸凌的行列，「西瓜偎大邊」；而有些人會選擇成爲旁觀者，用事不關己的態度來保護自己。

由此可知，**霸凌不只是大欺小、強欺弱而已，認眞理解，是群體中蔓延著無形的恐懼**。在青少年的同儕團體中特別容易發生，理由很簡單：青少年階段有強烈的同儕歸屬需求，害怕被孤立、被排擠，也期待自己在衆人面前具有影響力。

在網路中謹言愼行

這幾年，有幾位知名的韓星選擇輕生，走上絕路。據媒體報導，與承受不起網路霸凌有關。網路酸民你一言，我一語，每一句話，都像是把人往死裡打，刀刀見骨。

因此，我們必須不斷提醒孩子：「小心！你也有可能不小心就成爲霸凌者或霸凌事件的幫兇，即使你覺得沒什麼，網路的另一端，正有人嚴重身心受創。」我建議家長從孩子開始使用網路的那一刻起，就得不斷利用各種機會，對孩子耳提面命，在網路中謹言慎行的重要性，包括：

（一）把法律條文攤開來，讓孩子充分理解，就算是在網路上，只要對他人造成傷害，都是需要負法律責任的；如能透過新聞事件機會教育，那就更令孩子印象深刻了。

（二）提醒孩子，在發出批評或抱怨的言論之前，大聲讀出來，想一下，讀者的感受是什麼？是否有人會因此感到受傷？

（三）絕不轉傳不實、不雅或具詆毀性質的文字、圖片或影像；也不隨意附和這些網路內容。

（四）若遇到網路霸凌，勿當沉默的旁觀者，適時挺身而出，或向師長反應。

（五）透過新聞實例進行機會教育，請孩子站在受害者的立場，去體會受到霸凌的感覺，提升孩子在網路世界中的同理心。

當孩子正在網路上攻擊他人時

儘管你不斷三申五令、耳提面命，孩子還是有可能不小心涉入網路霸凌。爲了在事態惡化前，就能踩下煞車並止血，在孩子成年前，必須讓他明白，你有權利知道孩子在網路上任何作爲。

許多專家都建議，如果孩子要開始使用任何需要申請個人帳號的網路內容，特別是社群平臺，都應由家長代爲設定帳號密碼，控管權限。**你要讓孩子知道，原則上，你不會沒事去偷看孩子在網路上的活動，但如果發現不對勁，你有權力用孩子的帳號密碼，去瀏覽孩子的網路行蹤。**

我不是要你當個控制狂，無時無刻監管著孩子的網路使用狀況，而是在信任孩子的同時，也該提高警覺，別掉以輕心。如果發現孩子在網路上，正用不雅的字眼攻擊或詆毀他人，或轉傳不當的圖片或影片，可能會讓某些人受到傷害，你絕不能坐視不管，得立即制止並與孩子理性討論。

不指責、不謾罵，開誠布公是最高指導原則，可能的對話如下：

家長：「孩子，今天我看到你在臉書上，轉貼一則影片，是關於班上同學出醜的樣子，我覺得不是很適當，想與你討論一下。」

孩子：「哪有？我覺得還好呀！」

家長：「你覺得還好呀？我很好奇，是什麼動機讓你想轉貼這段影片呢？」

孩子：「就……大家都在瘋傳，就只是好玩而已啦！」

家長：「你的意思是，大家都在傳，所以你轉貼也沒關係，是嗎？」

孩子：「嗯！應該是吧！」

家長：「我明白了，你只是想要跟著大家一起，參與同學們都在談論的話題。但是你們這麼做，讓我有點擔心。你是否有思考過，那位同學若知道他的影片被轉傳成這樣，會有什麼感受呢？」

孩子：「我們是開玩笑的，應該不會怎麼樣吧！」

家長：「那麼，如果你是他，你會有什麼感覺呢？我猜，他會覺得很丟臉、敢怒不敢言吧？」

家長：「我知道，你不是故意的。但很多時候我們的無心，卻可能鑄成難以挽回的大錯。之前我也有和你分享過一些新聞，有人因爲不堪網路霸凌而選擇輕生。也有人因爲參與網路霸凌，只是按讚或轉傳，卻成了被告，或需負起法律刑責。」

家長：「我這麼說，你有什麼想法或感覺呢？」

孩子：「我知道了，我這樣做不對。」

家長：「謝謝你願意反省，那麼接下來你該怎麼做會比較好呢？」

孩子：「我會刪掉這則貼文。」

家長：「嗯！這是很正確的決定。如果可以的話，我希望你也可以提醒其他同學，別再轉傳這則影片，並且向當事人道歉。」

孩子：「好，我會思考一下！」

家長：「謝謝你願意與我討論，並決定用比較好的方式處理這件事。」

接著，請親眼確認孩子確實刪除不當的網路內容，並繼續保持順暢溝通。

如果，你發現孩子已經長期在網路上，反覆地對某些弱勢同學做出排擠、恐嚇、威脅、或毀謗等行爲，例如發起「反某人社團」或「反某人投票」，不單純是出自於好玩或從衆，更有惡意攻擊的意味。那麼，除了與孩子有上述的討論外，更要採取積極的行動，包括：

（一）保持冷靜，避免指責孩子。

（二）暫時限制或停止孩子使用網路。

（三）與孩子討論該如何改善目前的狀況。

（四）與學校師長聯繫，並帶著孩子向可能的受害者道歉。

（五）了解孩子惡意攻擊背後的動機，必要時尋求專業協助。

當孩子就是受害者時

前面提到，青少年間的霸凌行爲讓誰都有可能成爲受害者，當然，某些特殊特質者，如內向、害羞、身心障礙、特殊相貌、家世背景等，更容易成爲箭靶。

之前處理過一個網路霸凌事件，苦主是一位國中生如娟。班上本來有一個共有的line群組，有一天，有位同學另外開啟了一個新群組，邀請班上所有同學加入，唯獨漏掉如娟。

同學們在新的群組裡大肆抨擊如娟，說如娟壞話。直到有一天，有人偷偷截圖告訴如娟新群組裡「精采」的對話內容，她才知道，自己不只被全班同學排擠，而且還被說得很難聽，因此陷入焦慮與沮喪之中，甚至不願意去學校，出現拒學情形。我問如娟，知不知道自己爲什麼被討厭？她說：「我不知道爲什麼，突然有一天，他們就對我不理不睬或者冷嘲熱諷。原來，他們早就偷偷罵我很久了。可是，我不知道哪裡得罪他們了？我眞的不知道！」

如果你的孩子就是如娟，你會發現，他會突然對使用數位裝置興趣缺缺，或者在滑手機上網後，陷入焦躁沮喪、莫名哭泣、吃不好、睡不好，常透露不想去上學的念頭等。當你進一步得知他成了網路霸凌的受害者時，你要做的就是給孩子安慰與支持，陪伴孩子面對與處理問題。此刻，最不需要的就是檢討孩子：「一定是你做了什麼，才惹得同學不開心。」或者「你看，你就是不懂得交朋友，才會被討厭。」**請你讓他知道，他沒有做錯事，即使在人際互動上有些問題，也不該被如此對待**。請這麼告訴他：

「我想，被同學在網路上攻擊，你一定很痛苦，也可能很生氣、很難過，同時，也可能有更多疑惑，不知道自己為什麼會被討厭。」

「對於這件事我想知道你有什麼想法或感覺？如果你願意，可以和我分享。」

「我想讓你知道，你沒做錯事。做錯事的人是那些攻擊你的同學，不是你。」

除此之外，不論哪一種形式的網路霸凌，你都需要這麼做：

（一）保持冷靜，提醒孩子不要繼續回應霸凌者。

（二）帶著孩子封鎖或刪除霸凌者的帳號。

（三）暫時停止孩子使用網路，避免不斷重複接觸那些令人心碎的訊息。

（四）截圖保留證據，向社群媒體網站檢舉或通報。

（五）與孩子討論是否採取積極的行動，包括：告知學校，請學校師長介入處理；撥打教育部反霸凌申訴專線：0800-200-885，甚至報警求助。

（六）評估孩子的身心狀況，考慮讓孩子就醫或接受心理諮商。

2. 網路陷阱：誘騙、色情與性剝削

這世代的年輕孩子，隨便一位都比我們大人更精熟網路及數位裝置的操作；但面對網路上無所不在的陷阱，腦袋並沒有因此進化得更靈光。

當你以爲壞人都藏在社區附近的陰暗角落時，專家正在警告，潛藏在虛擬世界中的詐騙與剝削，才是你真正該提防的。

孩子是如何上鉤的？

先來聽聽宇岩的故事吧！

宇岩是個國二男生，在班上成績中上，行爲大致循規蹈矩。和大部分的同學一樣，每天會上網玩一下線上遊戲。他在線上遊戲中，認識了一位網友小芸。因爲幾次合作很有默契，小芸主動提議互相加line，以方便聯繫。

日後，小芸與宇岩就常在 line 上聊天，一開始是聊些與遊戲攻略有關的事，後來，聊及生活中的瑣事。小芸說，她是個高中生，功課壓力大，父母工作忙碌，不太關心她，她常覺得很寂寞。她覺得能和宇岩聊天很開心，希望宇岩當她的男朋友。

有一次，小芸問宇岩有沒有看過女生自慰，宇岩覺得不太對勁，但心中莫名興奮。後來，小芸時常提起一些性方面的話題，也開始傳一些露骨的畫面給宇岩，說是自己胸部、臀部等私密部位的照片。小芸問宇岩想看更多嗎？宇岩當然想！小芸要宇岩也傳張自己裸露生殖器官的照片過去，才要讓宇岩看更多。宇岩不疑有他，既然是男女朋友，應該沒關係，於是照辦了。

後來，小芸好幾次要求宇岩幫她買遊戲點數，但宇岩說自己身上沒那麼多錢。小芸卻生氣地抱怨宇岩一點都不在乎她，宇岩只好偷拿父母的錢。幾次之後，宇岩感到很不安，鄭重地拒絕小芸的要求，但她卻說：「別忘了，我手上有你的裸照喔！」

宇岩這才意識到，對方也許一開始，就不懷好意。事到如今只好硬著頭皮，向父母全盤說出這些事情，請父母出面解決。

如果宇岩沒有向大人求助，接下來會發生什麼事呢？

那位名爲小芸的高中生網友，肯定會對他糾纏不已，繼續索討更多的金錢，進而要求他交出帳號密碼、家人的個資，或者出賣朋友來「抓交替」。如果宇岩不從，就威脅公開裸照，讓他的聲譽不保，宇岩只能任對方予取予求。

網路誘騙的方式推陳出新，**大多都是利用人性的好奇、貪婪或恐懼心態，取得受害者的個資或私密影像，進而抓住把柄，再藉此要脅，逼你就範**。詐騙者常是亂槍打鳥，在各種有聊天功能的網路平臺上隨意搭訕，利用兒童或青少年的好奇、同情心或想結交朋友的渴望，逐漸取得信任，再讓你一步一步地走進預先設好的圈套中。

二〇二〇年南韓媒體披露震驚社會的「N號房事件」，主嫌在網路上經營類似聊天室的「房間」，每個「房間」都有編號。會員付費後，依照付費多寡，可以進到不同房間裡觀看女性裸露的不雅影像。房間裡的主角有許多是兒童或青少年，影片內容包含了性侵、性虐待等不堪入目的情節，甚至有的以直播的形式供會員觀賞。

這起駭人聽聞的性剝削事件，其實已經持續了二年之久，受害少女不計其數，凸顯了網路色情與誘騙氾濫的問題。究竟，這些不幸的孩子，是怎麼落入魔爪的呢？主嫌利用涉世未深的少女想快速賺錢的渴望，在網路上發布高薪兼職廣告，吸引許多有金錢需求的少女；主嫌再進一步要求他們提供個人資料或隱私裸照。如此，主嫌等於握有被害者的把柄了，便進一步要求少女錄下更多不雅影片，甚至約出來予以性侵。被害少女大多擔心自己的名譽不保，不敢不從，只能任憑主嫌擺布。事後有受害者向媒體表示，當時以爲只要提供清涼照片，就能獲取大筆金錢，或者，以爲只是單純的援交，沒想到，卻落到這般下場。

以網路做爲誘騙或性剝削工具的事件在國內也時有所聞。不久之前，有位十四歲少女，在網路上認識三十一歲犯嫌。犯嫌以少女才華洋溢，想栽培她發展演藝事業爲理由，哄騙少女離家，再把她囚禁於事先打造的夾層密室中。幸好警方快速偵破此案，少女得以平安返家。後來得知犯嫌專挑家境清寒的未成年少女下手，利用少女懵懂無知且一心致富的心態，誘騙上鉤。

復仇式色情

另一個值得關注的網路安全問題，是「復仇式色情」，常發生在情侶之間。

舉個常見的校園案例，小華與小明在學校社團中認識並交往，也常在校園中大方放閃。過一陣子，傳出兩人分手的消息。隔天，全校議論紛紛，原來，小華的私密影片被放到網路上瘋傳。才一個晚上，幾乎全校同學都看過這段影片，連別的學校的學生都知道這件事。

後來，學校調查得知，是小明不滿小華提出分手，心有不甘，便決定在網路上公開小華之前傳來的私密影片，以及兩人親熱時的影像。他決定來個玉石俱焚，做爲報復。小華因此心理嚴重受創，她的世界在一夕之間崩解。一方面，光想到不計其數的同學正看著自己的身體品頭論足，覺得快要崩潰了。後來，又聽到同學的閒言閒語：「誰叫她當初要拍這些影片？」「是她自己活該！」「她就自己犯賤呀！」之類的話語，又是二度傷害。

我們確實很少考慮到以數位形式保存的資料，不論是聲音、圖片或影片，是如此容易被複製並散播，一旦放到網路上，就全面失控了。熱戀中的情侶，愛得死去活來，恨不得把自己的一切，毫無保留地獻給對方。萬萬沒想到分手後，那些當初「愛的證明」，竟成了對方遂行報復的武器。

保護個人資訊安全

我們不希望這樣的事件再度發生，但類似事件卻層出不窮。為了避免孩子成為下一個受害者，建議家長可以善加利用這類新聞事件，與孩子討論網路安全與自我保護的話題。**你需要明確地讓孩子知道一個觀念：「網路上是沒有祕密的」，所有的隱私都有被公開的可能**，不只不該把私密資料放在網路上，更不可以告知任何人，包括信任的好朋友也是。

你或許可以這麼做，來保護孩子的個人資料與人身安全：

（一）如果可以的話，在孩子法定成年前，由你代為管理孩子的任何網路帳號。若孩子要新增或修改帳號內容，都需經過你的同意或由你代為操作。同時，定期為孩子更改帳戶密碼，避免遭駭。

（二）確保孩子接觸的網路內容符合年齡分級，盡可能不讓孩子接觸到風險性高或隱私控管不佳的網站。就算是一些常見的官方網站，若孩子需要輸入個人資料（姓名、身分證字號、住址、電話等）前，都需經過你的審核並同意。

（三）監督孩子的網路動態與行爲。年紀較小的孩子，你需要知道他每次上網的內容，而大一點的孩子，你可以給予多一點的信任，但若察覺孩子出現任何異樣，仍該立即檢查帳戶，了解他在網路上是否惹上麻煩了。

（四）要求孩子養成「登出」的習慣。不論是在家中或使用外面的公用電腦，使用完畢一定要記得「登出」。要求孩子將「下次自動登入」的選項取消勾選，並選擇不讓瀏覽器存取帳戶資訊。

（五）時常提醒孩子，謹慎提防在網路上遇到的任何人，陌生人或認識的朋友師長亦然。告訴孩子，如果與網友互動時有任何不舒服，請相信自己的直覺，立刻終止互動，並向大人求助。請讓孩子知道你會幫助他，而不會責備他。

（六）提醒孩子「天下沒有那麼好的事！」如果有什麼好運、機會或財富從天而降，宣稱能輕鬆致富或讓你飛黃騰達，通常有詐，應立刻提高警覺。

（七）若有發現任何涉及色情、誘騙或性剝削的網站，請向相關單位檢舉或通報。臺灣展翅協會長期關注兒少上網安全問題，你可以進入其建置的「Web547」網站中檢舉不法網站或不當資訊。

至於，如何防範「復仇式色情」呢？

最簡單的方式，不是別把私密影像傳給對方，而是，根本不要拍下這類影像，連留著自己欣賞，都盡可能避免。再重申一次，所有以數位形式保存的內容，都能輕易被複製與流傳。不過，對方可能會因此抱怨：「不傳給我看，就是不夠愛我。」請教導孩子如何回應伴侶的情感勒索：「我認爲，我們之間的愛情，不需要透過這種方式來證明。如果你愛我的話，請你尊重我。」

讓孩子知道，以尊重爲前提的親密關係，才是健康的。如果對方仍死纏爛打，那麼，或許該認眞考慮，是否還要繼續這段關係了。這是情感教育的一部分，而情感教育的核心，就是尊重自己與尊重他人。

珍惜自己的數位形象

過去，我們不是很在意「數位足跡」這個概念。但當網路犯罪猖獗時，我們發現，數位足跡是會被追蹤與保存的。除了安全考量外，另外値得一提的是，你所有在網路上的行爲與留下的內容，都攸關你的聲譽。也就是，你需要積極重視與珍惜自己的「數位形象」。

人與人之間，從認識到建立關係，受第一印象的影響極大。甚至，在還沒與對方見到面或實際互動前，先前聽聞有關這個人的一切，已經暗暗影響著你如何看待對方，以及決定如何與他互動。

然而，第一印象一旦建立，通常不容易改變。假設，一個公司的主管要徵人，有兩位競爭者，在學經歷與能力各方面都旗鼓相當，那麼，決勝的關鍵會是什麼呢？現在的雇主，常會上網搜尋一下應徵者在網路上的資料，包括臉書、ＩＧ等社群網路。理由很簡單，過去你在網路上的行蹤，最能反應出你的眞實性格。面談時，你可以把自己說得天花亂墜，表現得誠懇眞切，但你在網路上的一切，卻是假不了的。

事實上，**網路所呈現的個人形象，不足以眞實反應一個人的全貌；然而，許多人卻直覺認定數位形象具有參考價値，並據此形成第一印象**。試想，如果你平常在社群網路上常發些抱怨文，轉貼不雅的圖文或影片，雇主會如何看待你呢？大概會認爲你的人品不佳，是個不敬業又愛計較的人吧？反過來，如果你在社群媒體上的形象健康正向，同時又有著一些與個人專業有關的成果，那麼，你將會被認爲是態度積極且能力卓越的工作者。

水能載舟，亦能覆舟。我們的孩子或許不認爲在網路上攻擊謾罵、說三道四，有什麼大不了的。但是，凡走過必留下痕跡，任何在網路上的言行，都可能被搜尋得到，小則痛失良機，大則身敗名裂，付出慘痛代價。

我們不需要教孩子作假，刻意在網路上營造完美形象。而是要教導孩子懂得珍惜自己的數位形象，同時，引導他們善用網路空間，當作爲自己創造價值的舞臺。例如，如果孩子喜歡看電影，他可以在網路上分享影評心得；如果孩子喜歡攝影，可以在網路上放上自己的攝影成果；如果孩子喜歡舞蹈，可以把自己編舞或跳舞的影片，上傳到網路平臺上。網路上的高手如雲，會給予回饋，藉此切磋琢磨，精益求精。於是，網路就成了孩子的伸展臺，日積月累，也會是最好的成果紀錄。

如果哪一天，我的女兒有了婚配對象，我想，我也會上網搜尋一下對方的數位紀錄，雖然不一定準確，但總比一無所知來得好。

網路晒娃前，先想一下

另外一個與數位形象有關的話題是，我們常會在社群媒體上，看到家長的晒娃照。兩、三歲的孩子，正是稚嫩可愛的時期，怎麼樣都討喜，多麼療癒呀！你心裡想著：「當然要和大家分享的呀！」有時候，我也會忍不住想秀一下女兒可愛的模樣，不過，我總會想，這麼做是否會讓她處於難以預知的風險之中呢？再來，長大後，她會不會回過頭來抱怨我呢？

如果你想在網路上晒娃，我並不反對，但請你在按出發送鍵前，先想一下：

（一）這麼做，對孩子而言是否安全？

（二）這麼做，孩子長大後的感受會是什麼？

大人也有義務爲孩子保留數位隱私，一方面是安全考量；另一方面，我們正在示範如何尊重另一個人。當孩子大一點時，如果你想在網路上秀出孩子的照片時（包括家庭合照），請務必徵求他們的同意，或適當遮蔽孩子的面貌，確定他們沒有任何不舒服的感受。同時也允許孩子可以後悔，讓他知道，你隨時都願意撤下他不想被人看到的影像。

3. 孩子想成爲網紅，是眞的想紅？

我太太在高中職任教，有一次，她回來說了一個名字，問我有沒有聽過，我搖搖頭說：「沒有！那是什麼？」

太太說：「今天我問學生最近都追什麼劇？學生說，他們沒有在追劇，我又問，那你們追什麼？全班異口同聲說了這個人的名字。我說我沒聽過，他們笑我落伍，連現在火熱的網紅，都不知道！」

「沒關係！我也不知道呀！」我笑著安慰太太。

這就是流行文化的世代差異。大人難以理解，現在的孩子追 YouTuber 的瘋狂程度就像我們小時候對某些影視明星瘋狂崇拜，當時我們的長輩一樣無奈嘆息。

你或許知道孩子整天捧著手機，關注 YouTube 影片，但你知道，現在的兒童或青少年，都在追哪些網紅呢？

根據二〇二〇年十一月號《親子天下》雜誌的調查，青少年最愛的網紅，由「這群人」「阿神」和「重量級」位居前三名，接下來依次爲「狠愛演」「DE JuN」「蔡阿嘎」「黃阿瑪的後宮生活」「黃氏兄弟」「谷阿莫」及「反骨男孩」等。

請問你聽過幾個呢？我承認，我只對「這群人」「蔡阿嘎」和「谷阿莫」有印象。

承認吧！網紅文化正當道

網紅文化，代表的是這個世代的任何人，都有機會在網路平臺上展現自我、被人看見，甚至獲得收益。青少年熱愛網紅，某種程度也是把自己內心那份想要特立獨行、表達自我的渴望，投射在網紅身上。而網紅影片的內容多元，有些是如此接地氣地觸及青少年的心聲，孩子當然爲之瘋狂。

再怎麼抗拒，請你都要接受：網紅世代已經來臨。網紅逐漸取代傳統大眾媒體，成爲這世代孩子的主要流行文化，也是同儕間談論的熱門話題。然而身爲家長，你也許會擔心，孩子花太多時間在看影片，也可能會模仿網紅的某些言行，對網紅所說的照單全收，不小心價值觀就被誤導了。

有這些擔心，是很正常的。對於花費過多時間上網的問題，在前面的篇章中已經提及。家長要與孩子充分討論，並事先規範3C網路的娛樂使用時間，視自我控制能力逐步開放。

至於其他的擔心，與其禁止接觸，不如陪著孩子一起參與其中。我反而覺得，**親子共同關注網紅，會是一個幫助彼此開啟良性互動的契機**。有位母親告訴我，女兒上國中後，親子關係一度嚴重惡化，半年來沒說過幾句話。後來，她乾脆與女兒一起追網紅、看影片。她發現這些影片雖然內容多半不正經，不乏粗俗或具性意味的臺詞，但也頗有創意，難怪年輕人這麼喜歡。網紅意外地成爲親子之間的共同話題，女兒更願意與母親分享心事，母親也因此更理解孩子；對孩子的關懷與叮嚀，也開始被她接受。

與其搖頭，不如理解陪伴

當然不是每個家長都如此幸運。透過談論網紅與孩子建立關係、拉近距離，**你得**

保持相當開放的態度，不批評、不嫌棄，甚至試著發現網紅文化中的特色與美好。

關於網紅文化的引導與教養策略，有以下原則：

（一）爲了避免孩子接觸不當內容，對於年紀小一點的孩子，家長不妨使用 YouTube Kids App，幫孩子做好分級設定，依孩子的年齡，篩選適齡的影片。但不論如何，要讓孩子觀賞的影片，你最好都從頭到尾看過一次。

（二）對於大一點的青少年，他可能就不希望你管那麼多。不妨給孩子多一點信任，但也不能對孩子的網路行爲一無所知。你可以三不五時走過去問一下，孩子在看些什麼影片、追些什麼網紅。

（三）有時間的話，家長不妨做點功課，從網紅的影片、個人網站或社群媒體中，了解網紅對孩子的魅力何在。同時思考：「是什麼讓孩子如此喜愛某些網紅和他們的作品？」「孩子透過追蹤網紅能滿足什麼心理需求嗎？」「孩子從這些網紅身上，能學習到些什麼？」

（四）把網紅或 YouTube 影片做爲親子溝通的素材。有空的話，與孩子一起觀賞孩子喜歡的影片，聊聊對網紅和影片內容的看法。

（五）**先當傾聽者，再當糾察隊**。不管你喜不喜歡，都請先帶著好奇，去傾聽與理解孩子為什麼喜歡這個網紅，接著，再與孩子討論一些值得關心的議題，例如：「網紅在節目中說的，你相信嗎？哪些是真的，哪些是假的？」「影片中哪些部分，是為了節目效果？現實生活真的會是如此嗎？」「網紅為什麼要拍這些影片？只是想紅，還是想賺錢？或者有其他原因？」

（六）大部分的孩子，聽到影片中粗俗的臺詞，能夠明辨那只是節目效果，不會去模仿。**若孩子模仿影片中的髒話或惡意行為，請溫和而堅定地提醒孩子，並表達你的感受**。你可以這麼說：「我觀察到，你最近常學影片中的網紅說粗話，我知道你只是覺得好玩，是在開玩笑。但我聽了不是很舒服，我希望你能停止這麼做。」「當你模仿網紅誇張的動作和語調時，我有點擔心別人會怎麼想，我希望你在公共場合中能適可而止。」

孩子想當直播主，該鼓勵嗎？

根據《親子天下》雜誌的調查，每四個青少年中，有一位曾想成為直播主。這比例似乎有點高，但別誤會，孩子不一定是要把直播主當做未來的工作。

對大多數的青少年而言，想當直播主並不是爲了賺錢或名聲，而是希望藉此表達自我、展現才藝，或者記錄生活點滴。不論臉書、IG或者YouTube等網路平臺，都提供這樣的舞臺，當然，任何人也都有機會一炮而紅、名利雙收。

如果孩子告訴你，他想製作影片、當直播主，你該怎麼辦呢？

原則就是，適當鼓勵並予以支持。爲什麼？

首先，你應該感到開心。因爲，大多數的父母，根本不知道孩子想成爲直播主。孩子甚至不會主動和父母討論這個話題。所以，這表示你們的親子關係還不差。

再來，製作影片除了牽涉到軟硬體等技術問題，創作者也需有一定的表達能力。所以，**你可以將孩子嘗試成爲直播主這件事，視爲訓練口語表達能力的過程**。試著引導孩子思考該如何表達，才能充分闡述自己的觀點，同時又能讓對方聽得懂，覺得有趣、有用、有道理。**在未來的世界中，精通表達的人總是比較吃香**。

最後，最好的學習方式就是向別人分享。**直播主需要不斷地將知識萃取、轉化並產出，這本身就是相當珍貴的思考鍛鍊**。若能結合孩子自身的嗜好或專長，把學習成果透過拍攝影片的方式記錄下來、大量累積，便是向世人證明自己能耐的最好證據。

當然，孩子畢竟能力有限，難以獨力完成，也需要父母的協助和引導，包括：確認主題與內容的適切性，以受衆的角度適當地給予回饋或建議，同時，提供器材、設備或軟體技術上的支援等。

別忘了，你只是輔助的角色，不需要花費鉅資爲孩子打造專業攝影棚。而是，**引導孩子去思索，如何在有限的資源下解決問題並產出作品**。

也許，在陪伴孩子創作影片的過程中，你也會躍躍欲試，一個不小心，就成了新一代的人氣網紅。

4. 孩子的夢想是電競選手，能當飯吃嗎？

過去幾年，我到中小學去向家長或教師分享關於「網路使用」或「生涯規畫」等議題時，最常被問到的問題之一，就是：

「我的孩子一心想當電競選手，怎麼辦？」

「孩子想往電競產業發展，我該支持，還是反對？」

你為什麼如此煩惱？因為，對大人而言，電競是個相當陌生的領域，有人根本連聽都沒聽過，更不知道現今電競產業早已蓬勃發展，有許多高中職或大學，相繼設立電競相關科系或學程。

然而，當我們對某個事物所知有限時，總會先保持觀望。於是你問孩子：「電競選手是在做什麼的？」

孩子說：「就是去參加電玩比賽，贏了會有豐厚的獎金，甚至有廠商贊助，還能代言商品。」

你聽完眉頭皺得更深了，問：「這……能當飯吃嗎？」

孩子說：「可是，我什麼都不擅長，只喜歡打電動呀！」

聽起來，孩子說得也不是沒道理！但想來想去，電競選手好像不是一個正經的職業，叫人怎麼放心？

電競選手都在打電動？

面對這個問題，你不需要贊成，也不需要反對，你可以做的就是先**陪著孩子深入了解電競產業**。

你只要問：「**你眞心想要當電競選手嗎？**」

孩子肯定用力點點頭。這時，你再問：「**你知道，要如何成爲電競選手呢？**」以及，「**你知道，電競選手都過著什麼樣的生活呢？**」讓孩子試著回答看看，通常孩子回答不太出來；或者，只知道電競選手花很多時間打電玩遊戲，其他就不知道了。於是，你可以接著說：「**那麼，我們一起去把這件事給搞清楚吧！**」你可以與孩子一起上網查查，現今國內外電競產業的發展狀況，以及電競選手的培訓與養成過程，甚至可以讀到一些電競選手，分享關於電競職涯的甘苦談。

通常，孩子會理解到電競這一行的競爭無比激烈，不是光喜歡打電玩就行。要能在各項賽事中脫穎而出，甚至長期占有一席之地而不被淘汰，可能比錄取國考還要困難。此外，電競選手的培訓過程相當艱辛，爲了長期備戰，必須日以繼夜地研究遊戲戰略，一次又一次地參與團隊練習。許多選手白天需要上課或工作，只能用夜間或假日投入練習，日夜操勞，根本沒有休息或社交時間。

你可以問孩子：「**你準備好過著地獄般的生活了嗎？**」許多孩子突然發現，過去對電競選手或電競產業有著不符現實的想像，當深入理解後，才知道沒那麼容易，自然就打退堂鼓了。

請不要一聽到孩子說要當電競選手，立馬板起臉孔，搖頭反對並講起大道理。**對青少年而言，大人越反對的事，孩子就越堅持；你越不看好他，他就越要證明給你看，最後落得兩敗俱傷。**放寬心吧！**既然孩子有興趣，就陪著他去好好探索一番。弄清楚了，也許就知難而退了！**

你會問我：「如果孩子深入了解後，對成爲電競選手更加堅定意志，執意投入，怎麼辦？」

讓我們繼續看下去！

從電玩遊戲出發，延伸自我探索

孩子也許明白了電競選手這一行，不是先前想得這麼美好。但問題來了，不往電競產業發展，以後要做什麼？

或許，我們可以將玩電玩遊戲做爲媒介，與孩子討論他的興趣與專長，進一步連結到其他職涯發展的可能性。也就是，**喜歡打電動，未來不一定就要以打電動維生，而是找到其他相關的可能性**。同樣的道理，許多孩子從小熱愛體育活動，但礙於種種因素，走不了職業選手一途，便選擇去當體育記者、行銷體育商品或投入運動休閒產業。

在生涯選擇上保持彈性，山不轉路轉，路不轉人轉。

如何與孩子討論這個議題呢？你可以參考以下步驟：

（一）**請孩子分享自己喜歡的遊戲類型**。你可以問：「你這麼喜歡玩電玩，那你喜歡的是什麼樣的遊戲呢？」讓孩子自己說出來，是多人對戰類、競速類還是角色扮演類，並告訴你，這些遊戲有什麼特色。

（二）**請孩子分享這些遊戲吸引人之處**。接著問：「這些遊戲，哪裡最吸引你呢？」「除了有趣好玩之外，你還喜歡這些遊戲的哪些地方？」像是動畫、音效、配樂、劇情鋪陳、人物設定、破關機制、視覺呈現、故事描繪等。試著引導孩子去思考，一款成功的線上遊戲，其實需要這麼多元素的搭配與組成。

（三）**引導孩子從遊戲中發現自己的優勢能力**。問問孩子：「你這麼擅長這款遊戲，是因為你具備了什麼能力？」「要能夠破關或得分，你得要有什麼能力？」將焦點拉回孩子自己身上，例如，手眼協調、反應靈敏、預測推理、團隊合作、溝通表達、創意思考、果斷決策等，從中發現自己的某些優勢能力或特質。

（四）**結合喜好與能力，思考其他的發展可能**。現在，我們已從電玩遊戲中，萃取出孩子的喜好、能力或特質，接著就是去思考，可以**將這些喜好、能力或特質的組合，轉移到未來的某些工作或職業領域中**。假設，孩子對遊戲的動畫設計及視覺呈現有興趣，同時具有創意思考與手眼協調的能力，那麼，也許可以考慮往視覺傳達、多媒體設計等領域發展。

我想提醒的是，上述討論並非要幫孩子立刻找到明確的生涯志向。**生涯發展是一連串探索、思考與選擇的過程，父母或師長的責任，是引導孩子看到自己擁有更多的可能性，而非只有一條路可以走。**

如果打死不退，就支持吧！

回到先前的問題，如果孩子打死不退，對電競選手一行鬥志高昂的話，該怎麼辦呢？

我的答案是：尊重並支持孩子吧！

對於孩子的生涯發展，我一貫的立場都是大人的責任在幫助孩子充分探索，並與他討論各種選項的利弊，**而在做決定的最後關頭，再怎麼不放心，也請尊重孩子的選擇。**

我們無法爲孩子的人生負責，與其擔憂、反對，甚至親子之間不斷對立衝突，不

如給予祝福。說不定，孩子真的發展得不錯；而若孩子走不下去，也是很好的學習經驗，趕緊準備轉換跑道就好。

身兼心理學者與投資顧問的暢銷作家瑪德琳．勒文，在其著作《焦慮世代的安心教養：放下憂慮，陪伴I世代孩子，共同迎接瞬息萬變的未來世界》一書中提到：「人生就是一連串的『誤入歧途』，多數成功人士都經歷過一條蜿蜒曲折而意想不到的人生道路。」

或許，走錯路，才是人生常態！

5. 反璞歸眞：做個有意識的科技使用者

有一天，我到某機關演講，活動結束後，主辦人希望能與我敲下一場演講的時間，問我下半年是否還有空。

「我要看一下！」我邊說，邊從包包裡拿起我的行事曆。

對方見狀說：「陳老師，你是我見過少數還在用紙本記事本的人呀！」他看來有些訝異，又說：「現在大家不是都直接把行程記在手機或雲端日曆了嗎？」

我不只一次被問到類似問題。其實，我也會使用雲端日曆，但是我還是喜歡寫紙本行事曆，一來是習慣了，二來是安全感，不用擔心突然手機故障或無法上網。

擁抱數位科技，也保持安全距離

雖然身處科技時代，工作與生活常與手機或網路密不可分，但我也會刻意與數位工具保持一點距離。例如，我和太太都不會將手機帶進臥室，也不會用手機設定鬧鐘，而是另外準備單獨的鬧鐘。甚至在睡前，我會將手機關機，確保睡眠不受干擾。

如同前述，當大家熟稔地使用雲端記事本時，我仍然偏好將重要事項記在紙本上，一方面攜帶方便，也避免「科技凸槌」。另外，我的演講或課程常會提供講義，我總是要求主辦單位印出紙本給學員。因爲，透過紙本抄寫筆記，學員在參與課程時會比較專注，結束後也比較能留下深刻的印象。若是提供電子檔，很多人其實不會把檔案打開來看，更會減低抄寫筆記的動機。身爲講師，我必須確保學員能有更高的學習成效。

當然，這只是我的個人偏好。我習慣閱讀紙本書，更甚於電子書。雖然在電子書上也能畫重點、做筆記，且攜帶方便又不占空間，但我就是無法長時間盯著螢幕，看紙本書或許更能保護我的眼睛。

你不一定要學我這麼做，也不一定要完全認同我的觀點。

我認爲，與數位科技稍微保持一點距離，可以確保自己不會過度依賴，更不會被3C網路給綁架。這能讓我保有一顆清明的腦袋，去判斷如何妥善運用科技產品，增加工作效率，並減少副作用的發生。

帶著覺知，使用科技產品

我期許自己是個有意識、有覺知的科技使用者。因爲，當我們享用數位科技帶來的便利與好處時，也同時承擔著可能的風險與後遺症。像是，電子支付容易讓人對支出的敏感度降低，無形間花費更多而不自知；習慣瀏覽社群媒體的內容，會讓人失去深度閱讀的耐性與能力；當掌中的小螢幕就能滿足所有娛樂需求時，我們也忽略與身邊的人進行有溫度的交流。數位媒體的精采內容不間斷地刺激著大腦，使我們持續處在亢奮之中，有許多人因此晚上睡不好覺。當你能在網路世界吸取無限多的資訊時，反而有種還不夠的感覺，對資訊匱乏感到惶恐。

曾有心理學家指出，近二十年來人類的同理心大幅降低，這與我們大量使用科技產品有關。手機或網路讓人與人之間的眞實互動減少，而同理心是在眞實的人際互動中發展出來的。當我們能面對面地看見他人的臉，聽見他人的聲音，才有可能正確判讀他人的情感與內在思考。

這種同理心下降的現象，也反應在網路上的人際互動。人們的言論變得更爲大膽、極端，攻擊的力道也更不知節制，網路霸凌的嚴重程度超乎想像。我自己也發現，當我與他人一起用餐、聊天時，若把手機放在桌上，會比較難將注意力保持在對方身上，也更難完全理解對方的話語。我會不時地想查看手機訊息，或者直接把手機拿起來滑。

使用科技產品的後遺症確實不勝枚舉，但我不覺得我們需要因噎廢食。如果你有自信克服這些問題，那麼，儘管擁抱數位科技帶來的美好吧！但如果發現自己正在承受這些數位遺毒時，請適時地與各種數位裝置保持距離，切換回原始的生活模式，反璞歸眞。

同樣地，這也是我們需要教給孩子的能力，**帶著覺知善用數位科技，能享受虛擬世界的美好，也懂得遠離陷阱。**

重新整頓你與數位裝置的關係

現在，請拿起你的智慧型手機，數數看，裡頭總共塞了多少個ＡＰＰ？如果你持有這隻手機的時間越長，裡頭的APP也應該會越多，這很正常。再檢視一下，裡頭有多少APP，是你下載後只用過一次，或者根本沒用上過的？應該有超過大半！接著，再想一想，有哪些APP的功能，是不需要使用手機，用其他方式也能替代得了，像是鬧鐘、行事曆、相機、手電筒等。

如果我們把根本沒在用，以及現實生活中可被替代的APP全刪掉，你會發現，你需要這隻手機的意義真的不大。智慧型手機就是把這些生活常用的工具，全都塞在一個機器裡，用一個小小螢幕呈現出來。

簡單而言，就是方便！

然而，仔細思考，**智慧型手機真的幫你節省更多時間，還是讓你浪費掉更多時間，而不知不覺虛度光陰了？**

會不會回頭去過那些日常用品都是單一功能的生活，還更有生產力，且心情更輕鬆？如果，你與你的孩子都不知不覺被手機綁架了，或許可以參考以下的行動方案，在數位時代過過「與眾不同」的生活。

（一）使用紙本行事曆：

去書局或雜貨店買一本紙本行事曆，隨身攜帶。別忘了，還要帶支自己喜歡的筆。把查詢或記事等動作，從手機分離出來。這樣做有幾個好處：一方面，能減少自己使用手機的時間，另一方面，也不用擔心手機沒電或無法上網。此外，你還有機會練習書寫，維持手感。想一想，自從使用３Ｃ產品做文書處理後，有好多字我們已經忘記該怎麼寫了。

（二）停用手機的鬧鐘功能：

大部分的人早上起床仍然很依賴鬧鐘。那麼，就去買個眞正的鬧鐘，擺在床頭。這樣你就沒有藉口堅持手機非放在臥室或床邊不可了。當鬧鐘響起時，你按掉的是鬧鐘，除了看一下現在的時間外，你不會多停留。但如果你使用手機的鬧鈴功能，關掉鬧鈴後，你還會「順便」滑一下手機，回覆一下訊息。想一想，有多少次，你是因爲坐在床上貪滑手機而出門遲到呢？

（三）配戴手錶：

身爲忙碌的現代人，需要隨時掌握時間。手上帶著手錶，你會自然地提起手腕，瞄一下手錶，知道時間後，繼續當前的任務。若是習慣用手機做爲時鐘，當你拿起手機的那一刻，你不只查看時間，還會查看訊息，無形間耗費掉更多寶貴的時間。

（四）別把手機擺身旁：

前面三個行動，都是要避免太頻繁地拿起手機查看。而更根本的做法，是別把手機放在我們容易發現或取得的地方，也就是前面提到的「眼不見爲淨」原則。例如，手機不該出現在臥室，以免影響睡眠；別把手機擺在書桌上，以免干擾研讀。與家人或朋友聚會聊天時，別把手機拿出來，否則一有空檔，你就會滑開來看一下，到最後，所謂的聚會，就是一群人待在同一個地方滑手機而已。

（五）閱讀紙本書：

近年來，有越來越多的人習慣使用電子閱讀器閱讀書籍，而購買實體書的人口也有下降的趨勢，但仍然有許多人，保留閱讀實體書的習慣。心理學家長期的研究發現，比起閱讀電子書，人們在閱讀紙本書時，更容易在心中形成心智地圖，不但有助於理解文本內容，更能記住更多書中資訊。

一方面，數位載具的介面有太多令人分心的元素，另一方面，實體書方便讀者反覆翻閱，能幫助我們將閱讀內容在腦中描繪出更清晰與完整的印象，以利於儲存或提取訊息。

這幾年，第一線的教師都發現，兒童或青少年的閱讀能力普遍下降，讀長一點的文章就唉唉叫，更別說是深度閱讀了。問題可能就出在習慣快速瀏覽網路中片段及淺白的內容。所以，家長更需要從小陪著孩子大量閱讀、深度閱讀，培養閱讀的耐心，領略閱讀的樂趣。這當然需要由大人以身作則，大人怎麼做，孩子就怎麼學。

（六）善用飛航模式：

我們的大腦一次只能專注在一件任務上，那些看似能一心多用的人，其實是善於快速切換頻道。然而，每次從一個任務轉移到另一個任務時，會消耗掉我們更多的心力與時間，不論是工作或讀書效率都會大幅降低。如果你非得將手機放身旁，那麼，在工作或學習時，把手機設定爲飛航模式吧！

這能爲自己保留不被手機訊息干擾的大段時間，當手邊重要任務完成後，再開啟手機去回覆訊息或娛樂放鬆。

（七）設定螢幕使用時間：

如果你實在難以抵擋手機無所不在的呼喚，那麼就善用科技，爲自己設定螢幕使用時間吧！不論你是直接在手機系統裡設定，或者使用網路監控APP，都可以輕易地幫自己設定好，每天使用電子裝置的總時數，限制某些時段禁用網路，或特定的APP。

換言之，那些你爲了訓練孩子使用3C手機的自我控制能力，而爲孩子做的事情，也適用在自己身上，親子一起做個能自律的數位科技使用者。

結語

把握教養核心，有時催油門，有時踩煞車

從小到大，你曾沉迷過什麼事物或活動嗎？

我問身邊的親友們，他們告訴我：「當然有！」曾聽說有人為漫畫或武俠小說深深著迷，半夜躲在棉被裡打著手電筒偷看。每個人年輕時，似乎都有過對某事物無法自拔，甚至接近廢寢忘食的一段時期。

我想起小時候，有一陣子為職棒比賽狂熱不已。晚上常邊寫作業，邊轉開廣播，偷聽目前的賽況。我會穿著支持隊伍的服裝，在報紙上剪下我喜愛的球星照片，當然，球員卡是一定要設法蒐集的啦！甚至，我還畫了一整本關於棒球比賽的漫畫。

上了國中，我把更多重心放在課業上，也有不錯的學業成就。而當時，職棒爆發打假球的醜聞，自然就不再關注了。

高中是我人生眼界大開的時期，當時在校園中遇到很多奇人。有一位同學，他的嗜好是抽獎。如果你沒親眼見過他，你不會相信，有人竟對抽獎一事，到了狂熱的程度。每天，他都會去買一大堆報紙和雜誌，瘋狂地把各項抽獎活動的印花剪下來，再一一貼到明信片上，並用原子筆寫下地址，寄去主辦單位。他的書包裡，永遠有厚厚一疊明信片。

我曾問他：「花這麼多時間在抽獎上，是否中獎過？」

「當然有呀！只是很少。」

「你有算過，中獎的獲益加起來，和參加抽獎的花費比起來，哪個多、哪個少？」

「唉！到目前爲止，當然是賠本呀！」

「既然如此，你爲什麼還持續要參加抽獎？」

「不知道！我想，哪天如果中了大獎，就全都回本了！」

事實上，從我認識他，一直到畢業後斷了音訊，就我所知他沒中過大獎。我始終不解，他每天花這麼多時間和金錢在參加抽獎上，又一直沒中過大獎，而高中時期的課業如此繁忙，讀書都來不及了，爲什麼還堅持要參加抽獎？

套一句大人常說的話：「如果讀書可以這麼認眞就好了！」

偏偏，他的功課實在不怎麼樣。我當時想不透，覺得這個人眞蠢；但現在想想，會不會就是因爲學習表現敬陪末座，便把希望寄託在抽獎這件投機行爲上，期待哪一天若中大獎，可以鹹魚翻身、麻雀變鳳凰。

人們的行爲與決策，常是違反常理的。如果你看到身旁的人，正做著一些不理性的事情，卻一次又一次，停不下來，甚至爲此付出代價，請別笑他蠢。因爲，**所有的行爲都是有功能的**，有些看似不合常理的行爲，卻能滿足人們的心理需求。

在恐懼之下，你很容易賣掉不該賣的股票；在自卑之下，你很容易愛上不該愛的對象；在空虛之下，你很容易吃下過多的甜食；在無力之下，你很容易上網刷掉過多的金錢；在貪婪之下，你很容易加入老鼠會賠掉老本。

人們一點都不善於計算成本效益，我們的行爲決策，往往取決於自身的情緒與心理狀態。在現實世界中是如此，在虛擬世界中，更是如此。當孩子在網海中載浮載沉時，難道他們不知道繼續沉淪下去是不智之舉嗎？

他們都知道，但他們停不下來。爲什麼？因爲，在網路世界中的活動，大大滿足了其心理需求，這是在現實生活中苦求不得的，包括成就感與歸屬感。所以，我常在演講中對心急如焚的家長說：**「網路成癮是『假議題』，眞議題是孩子在現實生活中，內心感到空虛、寂寞、無力與挫敗。」**這才是最值得關切的！

回到教養的核心，家長的任務就是確保孩子在健康正向的路徑上成長茁壯、展翅高飛。這一路上，孩子會遇到許多誘惑，也可能會不小心誤入歧途，更要適應現實環境，學習與人相處。因此，拿駕駛來比喻，教養孩子的過程，我們得引導孩子打好方向盤，確認走在合法正當的軌道上，在該加速的時候踩下油門，在需要停下來時踩下煞車。

踩煞車，就是在幫孩子建立行爲規範。於是，我們會爲孩子設下諸多限制，避免孩子做出失控或冒險的行爲。拿網路使用來說，爲了培養孩子上得去也下得來的自我控制能力，我們得從小與孩子做好網路使用約定，並要求孩子確實遵守，甚至適度監督孩子的網路活動。同時，我們也得**催油門**，**給出孩子正向成長的內在力量**。孩子需要在眞實的生活情境中，透過克服挑戰以獲得成就，透過發展嗜好以獲得樂趣，展現社交技巧以獲得歸屬與認同。

父母需要做孩子的後盾，鼓勵孩子勇敢嘗試，而不是唱衰孩子；欣賞孩子的長處，而不是數落批評。**父母的溫暖支持就是在幫孩子催油門，讓他們感受到更多力量，願意面對人生的種種挑戰**。所以，在網路使用上，我們也要鼓勵孩子善用網路幫助自己成長學習、發展嗜好、累積成果、建立眞實且有意義的人際連結。

踩煞車或催油門，設規範或給力量，從來不該只是二選一，而是同時並進。更多時候，**孩子需要在明確的規範框架下，被鼓勵自由發展**。學習當個「民主威信型」的父母，不僅適用在3C網路的教養議題上，也適用在其他任何情境中。

從這個核心觀點出發，衍生出數位教養議題上的三個最高指導原則，讓我們再複習一次：

第一，3C網路是工具，而不是玩具；

第二，網路使用的自我控制能力需從小培養起；

第三，有品質的陪伴是最終解方。

在這本書即將完稿的同時，臺灣正處在新冠病毒三級警戒再度延長的艱難時期。

一個多月以來，爲了避免群聚，大人居家辦公，學校停課不停學，孩子也在家線上學習。不論大人或小孩，都比平常花更多時間在數位工具的使用上。

有人因此看到電子載具就覺得頭昏眼花，有人卻因此下不了線。有許多孩子，渴望趕快回到學校去上學，與同學或老師有眞實的接觸與互動。也幸好，透過網路與鏡頭，在枯燥的居家防疫生活中，仍能與他人保有一定程度的連結互動。

疫情終將趨緩並結束，但數位浪潮肯定是不可逆的。數位工具只會更貼近人性，數位內容將更具吸引力，數位教養的挑戰也只會更大。期待這本書，能夠幫助到廣大的家長，把握數位教養的核心觀念，擁有更多的方法引導孩子善用３Ｃ網路，至少，能不再如此焦慮或無力。

這本書能成書完稿，我要謝謝家人的支持，特別是父母和太太；有品質的陪伴，讓我更有力量投入創作，在書寫遇到困頓時堅持下去。

謝謝圓神出版社的賞識與信任，邀我書寫如此具挑戰性的教養書。這本書從構思到完稿，確實花了我不少時間與力氣。轉眼間，女兒從只會在地上爬，如今已經會和我頂嘴了！

陪伴孩子成長，很辛苦，但也很甜美。
因爲有了孩子，我才知道如何當一個更好的大人。
放下３Ｃ，認眞凝視孩子，我也在持續練習中。

國家圖書館出版品預行編目資料

脫癮而出不迷網：寫給網路原生世代父母的教養書／陳志恆 著.
-- 初版. -- 臺北市：圓神出版社有限公司，2022.01
256 面；14.8×20.8 公分. --（圓神文叢；307）
ISBN 978-986-133-804-0（平裝）

1.親職教育　2.子女教育　3.網路使用行為

528.2　　110018527

Eurasian Publishing Group 圓神出版事業機構 用心與你對話．視野無限寬廣
圓神出版社 Eurasian Press

www.booklife.com.tw　　reader@mail.eurasian.com.tw

圓神文叢 307

脫癮而出不迷網：寫給網路原生世代父母的教養書

作　　者／陳志恆
發 行 人／簡志忠
出 版 者／圓神出版社有限公司
地　　址／臺北市南京東路四段50號6樓之1
電　　話／（02）2579-6600．2579-8800．2570-3939
傳　　真／（02）2579-0338．2577-3220．2570-3636
總 編 輯／陳秋月
主　　編／賴真真
專案企畫／沈蕙婷
責任編輯／歐玟秀
校　　對／歐玟秀．林振宏
美術編輯／李家宜
行銷企畫／陳禹伶．林雅雯
印務統籌／劉鳳剛．高榮祥
監　　印／高榮祥
排　　版／陳采淇
經 銷 商／叩應股份有限公司
郵撥帳號／18707239
法律顧問／圓神出版事業機構法律顧問　蕭雄淋律師
印　　刷／祥峰印刷廠
2022年1月　初版
2023年11月　7刷

定價 320 元　　ISBN 978-986-133-804-0
版權所有．翻印必究
◎本書如有缺頁、破損、裝訂錯誤，請寄回本公司調換　　Printed in Taiwan